"一带一路"列国人物传系

总主编◎王　丽

新加坡名人传

THE LEGEND OF THE PEOPLE ALONG THE BELT AND ROAD

FAMOUS NAMES OF SINGAPORE

主编◎王灵桂

当代世界出版社
THE CONTEMPORARY WORLD PRESS

图书在版编目（CIP）数据

新加坡名人传 / 王丽主编；王灵桂分册主编 . -- 北京：当代世界出版社，2022.6
（"一带一路"列国人物传系）
ISBN 978-7-5090-1649-7

Ⅰ . ①新… Ⅱ . ①王… ②王… Ⅲ . ①人物 – 列传 – 新加坡Ⅳ . ① K833.39

中国版本图书馆 CIP 数据核字 (2021) 第 254703 号

书　　名：“一带一路”列国人物传系·新加坡名人传
出 品 人：丁　云
责任编辑：刘海光
封面设计：三黑
出版发行：当代世界出版社
地　　址：北京市东城区地安门东大街70-9号
邮　　编：100009
邮　　箱：ddsjchubanshe@163.com
编务电话：(010) 83907528
发行电话：(010) 83908410（传真）
13601274970　18611107149　13521909533
经　　销：新华书店
印　　刷：北京中科印刷有限公司
开　　本：880毫米 × 1230毫米　1/32
印　　张：7
字　　数：120千字
版　　次：2022年6月第1版
印　　次：2022年6月第1次
书　　号：ISBN 978-7-5090-1649-7
定　　价：42.00元

《"一带一路"列国人物传系》编辑委员会

总 序
群星闪耀“一带一路”

2013 年 9 月 7 日，中国国家主席习近平在哈萨克斯坦纳扎尔巴耶夫大学发表演讲，以博古通今的睿智对大学生们娓娓道来丝绸之路古老而年轻的故事。

“2100 多年前，中国汉代的张骞肩负和平友好使命，两次出使中亚，开启了中国同中亚各国友好交往的大门，开辟出一条横贯东西、连接欧亚的丝绸之路。

我的家乡陕西，就位于古丝绸之路的起点。站在这里，回首历史，我仿佛听到了山间回荡的声声驼铃，看到了大漠飘飞的袅袅孤烟。这一切，让我感到十分亲切。

哈萨克斯坦这片土地，是古丝绸之路经过的地方，曾经为沟通东西方文明，促进不同民族、不同文化相互交流和合作作出过重要贡献。东西方使节、商队、游客、学者、工匠川流不息，沿途各国互通有无、互学互鉴，共同推动了人类文明进步。”[1]

---

[1] 《习近平谈治国理政》，北京：外文出版社，2014 年 10 月第 1 版，第 287 页。

“不同种族、不同信仰、不同文化背景的国家完全可以共享和平、共同发展。这是古丝绸之路留给我们的宝贵启示”，“为了使我们欧亚各国经济联系更加紧密、相互合作更加深入、发展空间更加广阔，我们可以用创新的合作模式，共同建设‘丝绸之路经济带’”。[1]

推己及人，高瞻远瞩，引领时代，习近平主席在阿斯塔纳[2]通过哈萨克斯坦人民，首次向世界发出了让古老的丝路精神再次焕发青春和光彩的时代宣言。

2013 年 10 月 3 日，习近平主席在印度尼西亚国会发表了题为《携手建设中国—东盟命运共同体》的演讲，首次向世界发出共建 21 世纪海上丝绸之路的倡议。

“东南亚地区自古以来就是‘海上丝绸之路’的重要枢纽，中国愿同东盟国家加强海上合作，使用好中国政府设立的中国—东盟海上合作基金，发展好海洋合作伙伴关系，共同建设 21 世纪‘海上丝绸之路’”，“发挥各自优势，实现多元共生、包容共进，共同造福于本地区人民和世界各国人民”。[3]

这个倡议和 9 月 7 日的演讲异曲同工、遥相呼应、互为

[1] 《习近平谈治国理政》，北京：外文出版社，2014 年 10 月第 1 版，第 287 页。

[2] 哈萨克斯坦首都，2019 年 3 月改名为努尔苏丹。

[3] 《习近平谈治国理政》，北京：外文出版社，2014 年 10 月第 1 版，第 293-295 页。

映衬，完整地提出了“丝绸之路经济带”和“21 世纪海上丝绸之路”的宏伟构想。

从广袤的亚欧腹地哈萨克斯坦到风光旖旎的印度尼西亚，习近平主席提出的“丝绸之路经济带”和“21 世纪海上丝绸之路”吸引了世界各国的目光。从 2013 年 9 月至 2016 年 8 月，习近平主席出访 37 个国家（亚洲 18 国、欧洲 9 国、非洲 3 国、拉美 4 国、大洋洲 3 国），对“一带一路”倡议的总体框架和基本内涵做了充分阐述。和平合作、开放包容、互学互鉴、互利共赢的丝路精神，共商、共建、共享的治理理念，驱散了“去全球化”的阴霾，为增长乏力的世界经济注入新的动能。各国纷纷将本国经济发展与中国政府制定的《推动共建丝绸之路经济带和 21 世纪海上丝绸之路的愿景与行动》规划相对接。“一带一路”倡导的政策沟通、设施联通、贸易畅通、资金融通、民心相通，正在以基础设施、经贸合作、产业投资、能源资源、金融支撑、人文交流、生态环保、海洋合作等为载体和依托，在全球掀起了投资兴业、互联互通、技术创新、产能合作的新势头。2016 年中国牵头成立有 57 个成员国加入的亚洲基础设施投资银行（AIIB），截至 2018 年 12 月 19 日成员总数增至 93 个，在 13 个国家开展 35 个项目。孟加拉配电系统升级扩容项目、印尼全国棚户区改造项目、巴基斯坦国家高速公路项目和塔吉克斯坦杜尚别至乌兹别克斯坦道路改造项目已经获得亚投行融资支持，共商共建共享成为现实。

“一带一路”倡议得到国际社会的积极响应。2016 年 11 月 17 日，第 71 届联合国大会 193 个成员国一致赞同，通过了第 A/71/9 号决议，欢迎“一带一路”倡议，敦促各方通过参与“一带一路”倡议，促进阿富汗及地区经济发展，呼吁国际社会为开展“一带一路”建设提供安全环境保障。2017 年 3 月 17 日，联合国安理会一致通过第 2344 号决议，呼吁国际社会凝聚援助阿富汗共识，通过“一带一路”建设等加强区域经济合作，敦促各方为“一带一路”建设提供安全环境保障。

2017 年 1 月，习近平主席在联合国日内瓦总部发表题为《共同构建人类命运共同体》的重要演讲，全面深入系统阐述人类命运共同体重大理念，为解决全球性挑战提出中国方案，在国际上引起热烈共鸣，受到各方普遍欢迎和高度评价。3 月 23 日，联合国人权理事会第 34 次会议通过关于“经济、社会、文化权利”和“粮食权”两个决议，决议明确表示支持 “构建人类命运共同体”。这是人类命运共同体理念首次载入联合国人权理事会决议，标志着这一理念成为国际人权话语体系的重要组成部分。

“一带一路”不是中国的独角戏，是与亚、欧、非洲及世界各国共同奏响的交响乐。中国恪守联合国宪章宗旨和原则，坚持开放合作、和谐包容、政策沟通，培育政治互信，建立合作共识，协调发展战略，促进贸易便利化及多边合作体制机制。中国携手100多个国家和地区，依托国际大通道，以陆上沿线中心城市为支撑，以重点经贸产业园区为合作平台，共同打造的新亚欧大陆桥、中蒙俄、中国—中亚—西亚、中巴、孟中印缅、中国—中南半岛等国际经济合作走廊进展顺利，中欧班列在贸易畅通上动力强劲、风景亮丽；以海上重点港口为节点，共同建设通畅安全高效的运输通道，实现陆海联动，太平洋、印度洋、大西洋上巨轮往来频繁，互通有无。亚太经合组织、亚欧会议、大湄公河次区域合作的有关决议和文件，都体现了“一带一路”建设内容。丝路基金、开发性金融、供应链金融汇聚全球财富，建设绿色、健康、智慧、和平的丝绸之路，增进各国民众福祉。

“一带一路”是人类历史上前所未有的宏伟蓝图，也是横跨亚非欧连接世界各国的暖心红线。丝绸之路经济带包括中国经中亚、俄罗斯至欧洲（波罗的海），中国经中亚、西亚至波斯湾、地中海，中国至东南亚、南亚、印度洋；21世纪海上丝绸之路包括从中国沿海港口过南海到印度洋再延伸至欧洲和南太平洋。一路驼铃声声、舟楫相望，互通有无、友好交往。

在新的时代，在创新古老丝路精神的伟大进程中，习近平主席专门缅怀丝路开拓者，特意致敬古丝路精神奠基人：

“我们的祖先在大漠戈壁上‘驰命走驿，不绝于时月’，在汪洋大海中‘云帆高张，昼夜星驰’，走在了古代世界各民族友好交往的前列。甘英、郑和、伊本·白图泰是我们熟悉的中阿交流友好使者。丝绸之路把中国的造纸术、火药、印刷术、指南针经阿拉伯地区传播到欧洲，又把阿拉伯的天文、历法、医药介绍到中国，在文明交流互鉴史上写下了重要篇章。

“千百年来，丝绸之路承载的和平合作、开放包容、互学互鉴、互利共赢精神薪火相传。”[1]

这种吃水不忘挖井人的情怀，再次展现了中华民族不忘历史、纪念先贤、展望未来的优秀文化基因，也为中国传记文学学会参加“一带一路”建设指明了方向和道路。

在古老的丝绸之路上，我们不曾相忘：张骞出使西域到过的世界上最大的内陆国家哈萨克斯坦、山高水长的好邻居巴基斯坦、横跨欧亚大陆的俄罗斯、草原之国蒙古、喜马拉雅浮世天堂尼泊尔、菩提恒河保佑之国印度、文化瑰宝伊朗、首创法典之国伊拉克、红海门户也门、石油王国沙特阿拉伯、波斯湾明珠巴林、雪松之国黎巴嫩、海湾之秀科威特、沙漠之巅阿联酋、半岛明珠卡塔尔、霍尔木兹海峡守门人阿曼、

[1] 习近平：《弘扬丝路精神，深化中阿合作》，2014 年 6 月 5 日，习近平在中—阿合作论坛第六届部长级会议开幕式上的讲话，载《人民日报》，2014 年 6 月 6 日，第 1 版。

万湖之国白俄罗斯、欧亚十字路口土耳其、流着奶和蜜之地以色列、欧洲粮仓乌克兰、亚平宁半岛上的文化巅峰意大利、欧洲屋脊瑞士、玫瑰之国保加利亚、与灵魂对话的思辨之国德意志、欧洲文化殿堂法兰西、欧洲客厅比利时、郁金香之国荷兰、热情如火的西班牙，还有绅士国度英国、北非金字塔之国埃及、非洲屋脊埃塞俄比亚、香草之都马达加斯加，等等。

沿着海上丝绸之路，我们会领略橡胶王国马来西亚、花园国度新加坡、千岛之国菲律宾、赤道翡翠之国印度尼西亚；沿澜沧江一路南下，我们不曾相忘澜湄泽润之国越南、千佛之国泰国、微笑之国柬埔寨、万象之都老挝、印度洋上明珠之国斯里兰卡、印度洋上的明珠和钥匙毛里求斯、堆金积玉之国文莱、追求自由之国东帝汶、印度洋上的世外桃源马尔代夫、骑在羊背上的国家澳大利亚、上帝的后花园新西兰；等等。

“一带一路”沿线国家里，那些千百年来影响了人类与社会发展、国家与民族命运，并与中国曾经有过交往的古今人物，至今还能在教科书、影视剧里看到他们，还能感受到他们在一代又一代年轻人身上所产生的影响和魅力。

当然，对于中国人来说，更为熟悉的是丝绸之路的开拓者。曾记否？丝绸之路开拓者中，有汉武帝和他的使节们，有首开大唐盛世的唐太宗及其臣民，有再续睦邻通商航海路的宋祖朝廷和无数先贤，还有金戈铁马风漫卷的元代人物，一统江山万里帆的明代人物，环球凉热自清浊的清代人物，东西碰撞溅火花的近代人物，还有经受风雨变迁、勇立海国之志的现代人物，更有丝路明珠敦煌莫高窟的守护者，卫国助邻的将军和通司中外的外交家们。当然，数风流人物，还看今朝，我们不能不浓墨重彩地讴歌那些智通商海，投身到新丝路建设中的当代人物。

耕云播雨，香火延续，智慧传承，历史再续！2100 多年的友好交往历史从未隔断，惠及三大洲的中西交流从未停歇，21 世纪的“中国梦”和“世界梦”汇成了人类命运共同体的时代和弦，响彻在“一带一路”辽阔的长空。也正因如此，2017 年 5 月，北京喜迎来自“一带一路”相关国家的元首、政府首脑、前政要、知名企业家和专家学者等各界代表，以及国际组织的负责人等千名领袖，出席第一届“一带一路”国际合作高峰论坛。“千人盛会”共襄“团结互信、平等互利、包容互鉴、合作共赢”[1]之盛举，共商“造福沿途各国人民的大事业”[2]之合作共赢大计。这是中华民族和世界历史上都应该铭记的大日子。

以人物传记写作为己任的中国传记文学学会，在“一带

[1] 习近平：《弘扬人民友谊，共创美好未来》，2013 年 9 月 7 日，习近平主席在哈萨克斯坦纳扎尔巴耶夫大学的演讲。
[2] 同上。

一路”倡议实施中，肩负“讲好‘一带一路’民心相通好故事”的使命和责任，这也是国家赋予我们的根本职责和任务。在中国文学艺术界联合会的领导下，在中国社会科学院国家全球战略智库指导下，中国传记文学学会以赤诚的家国情怀、强烈的时代精神、为人传记的责任担当，在认真调研、周密谋划、精心组织基础上，毅然决定倾注全力组织编写出版《“一带一路”列国人物传系》。此煌煌百卷传系讲述近千名各国人物故事，集数百位专家作家尽心挥毫，夜以继日，……幸得中国民营经济国际合作商会倾力赞助，又得中央文化企业当代世界出版社有限公司出版发行。于是， 各位读者得以读到手中的这套活泼而不失厚重、有趣而不失学养的列国人物合传书卷。

孔子曰：“仁者，人也。”让各国的先贤智者的思想光辉，照亮我们探索人类未来的道路。

传记明志，落笔为文，是为总序。

中国传记文学学会会长
《“一带一路”列国人物传系》编委会主任　王丽博士
2019 年 3 月 30 日

Introduction: The Star-studded “Belt and Road”

On September 7, 2013, Chinese President Xi Jinping delivered a speech at Kazakhstan’s Nazarbayev University, telling college students the ancient yet up to date stories of the Silk Road with well-versed wisdom.

“More than 2,100 years ago during the Han Dynasty (206 BC-AD 220), a Chinese envoy named Zhang Qian was twice sent to Central Asia on missions of peace and friendship. His journeys opened the door to friendly contacts between China and Central Asian countries, and started the Silk Road linking east and west, Asia and Europe.

Shaanxi, my home province, is right at the starting point of the ancient Silk Road. Today, as I stand here and look back at that history, I seem to hear the camel bells echoing in the mountains and see the wisp of smoke rising from the desert, and this gives me a specially good feeling.

Kazakhstan, located on the ancient Silk Road, has made an important contribution to the exchanges between the Eastern and Western civilizations and the interactions and cooperation between various nations and cultures. This land has borne witness to a steady stream of envoys, caravans, travelers, scholars and artisans traveling between the East and the West. The exchanges and mutual learning thus jointly promoted the progress of human civilization."[1]

"[C]ountries of different races, beliefs and cultural backgrounds are fully able to share peace and development. This is the valuable inspiration we have drawn from the ancient Silk Road," and "[t]o forge closer economic ties, deepen cooperation and expand development space in the Eurasian region, we should take an innovative approach and jointly build an economic belt along the Silk Road." [2]

With caring, vision and leadership, through the people of Kazakhstan in Astana, President Xi Jinping, for the first time, has made a declaration to the world that will rejuvenate the spirit of the ancient Silk Road.

On October 3, 2013, President Xi Jinping gave a speech titled "Work together to build a China-Asean community with a shared future "at the people's Representative Council of Indonesia, proposing to the world to build a 21st Century Maritime Silk Road.

"Southeast Asia has since ancient times been an important hub along the ancient Maritime Silk Road. China will strengthen maritime cooperation with the ASEAN countries, and the China-ASEAN Maritime Cooperation Fund set up by the Chinese government should be used to develop maritime partnership in a joint effort to build the 'Maritime Silk Road' of the 21st century." And "[t]he two sides need to give full rein to our respective strengths to enhance diversity, harmony, inclusiveness and common progress in our region for the benefit of both our people and the people outside the region."[3]

---

[1] *Xi Jinping: The Governance of China*. 1st ed., Foreign Languages Press, Beijing, October 2014, p.287.

[2] Ibid, at 287.

[3] *Xi Jinping: The Governance of China*. 1st ed., Foreign Languages Press, Beijing, October 2014, pp.293-295.

This initiative and the speech on September 7 both express the same idea and echo with each other, completing a grand vision of the "Silk Road Economic Belt" and the "21st Century Maritime Silk Road."

From Kazakhstan in the vast Eurasian hinterland to the beautiful scenery of Indonesia, President Xi Jinping's proposed "Silk Road Economic Belt" and "21st Century Maritime Silk Road" have attracted the attention of countries all over the world. From September 2013 to August 2016, President Xi visited 37 countries (18 in Asia, 9 in Europe, 3 in Africa, 4 in Latin America and 3 in Oceania), and fully elaborated on the overall framework and basic connotation of the "Belt and Road" initiative. The Silk Road spirit of peace and cooperation, openness and inclusiveness, mutual learning, and mutual benefit, combined with the idea that projects should be jointly built through consultation to meet the interests of all, dispels the haze of "de-globalization" and injects new kinetic energy into the sluggish growth of the world economy. Many countries have linked up their own economic development to the "Vision and proposed actions outlined on jointly building Silk Road Economic Belt and 21st- Century Maritime Silk Road" proposed by the Chinese government.

The "Belt and Road" initiative advocates policy coordination, facilities connectivity, unimpeded trade, financial integration, and people-to-people bond. With the emphasis on infrastructure build-up, economic and trade cooperation, industrial investment, energy resources development, financial support, people-to-people exchanges, ecological environmental protection, and marine cooperation, the initiative has set off a new momentum in investment, trade activity, technological innovation, and production capacity cooperation in the world. In 2016, China led the establishment of the Asian Infrastructure Investment Bank (AIIB), which was joined by 57 member states. As of Dec 19, 2018, the total number of members increased to 93, and 35 projects had been carried out in 13 countries. The Bangladesh Power Distribution System Upgrade Expansion Project, the Indonesia National Shanty Town Transformation Project, the Pakistan National Highway Project and the Tajikistan Dushanbe-Uzbekistan Border Road Improvement Project have received financial support from the AIIB. The idea of joint project implementation through consultation to meet the interests of all has since turned into reality .

The "Belt and Road" initiative has drawn strong and positive feedback from the international community. On November 17, 2016, the 71st session of the 193 members of the United Nations General Assembly unanimously endorsed the adoption of resolution A/71/9 to welcome the "Belt and Road" proposal, encouraging all of its member states to boost economic development of Afghanistan and the region through participation in the proposed project. In addition, it called on the international community to provide a safe and secure environment for the implementation of the initiative. On March 17, 2017, the United Nations Security Council unanimously adopted resolution NO. 2344, and called on the international community to rally assistance to Afghanistan, and strengthen regional economic cooperation through the "Belt and Road" strategy, etc. It also urged all parties to provide a safe and secured environment for carring out the program.

In January 2017, President Xi Jinping delivered a keynote speech at the United Nations Office at Geneva titled "Work Together to Build a Community of Shared Future for Mankind," comprehensively and systematically elucidated the fundamental idea of a community with a shared future for mankind, and proposed Chinese Solutions to global problems, which echoed enthusiastically in the international community and was widely welcomed and highly applauded by many countries, organizations and political parties. At its 34th meeting, on March 23, the United Nations Human Rights Council adopted two resolutions on “economic, social and cultural rights” and “the right to food,” which clearly stated the need to “build a community with a shared future for mankind.” This is the first time the concept of a community with a shared future for mankind has been incorporated into a UN Human Rights Council resolution, and it has become an important part of the international human rights discourse system.

The “Belt and Road” is not a solo play by China only, but a symphony played in concert with Asia, Europe, Africa and countries around the world. China abides by the purposes and principles of the UN Charter, advocates openness and cooperation, espouses harmony and inclusiveness, supports policy coordination, fosters political mutual trust, builds consensus on cooperation, coordinates development strategies and promotes trade facilitation and the institutional mechanisms of multilateral cooperation. China has joined hands with more than 100 countries and regions to co- create a new Eurasian continental bridge. This has been accomplished by taking advantage of international transport routes that are supportive of the central cities along the “Belt and Road”, and building key economic and trade industrial parks as a platform for cooperation. China-Mongolia-Russia, China-Central Asia-West Asia, China-Pakistan, Bangladesh-China-India-Myanmar, China-Indochina Peninsula and other international economic cooperation corridors are progressing smoothly. China Railway Express accentuates trade and shipping overland between China and Europe with a bright future. Meanwhile, key sea ports also serve as the nodes to jointly build a smooth, safe and efficient transportation network, and hence enables a close connection between land and sea routes. Together with the overland cargo train transportation, the frequent cargo ships sailing on the Pacific, Indian and Atlantic Oceans poses an amazing picture. In summary, the relevant resolutions and documents of the Asia-Pacific Economic Cooperation, the Asia-Europe Meeting, and the Greater Mekong Subregion Economic Cooperation program all embody the “Belt and Road” initiative. By bringing together the world's wealth, Silk Road Fund, development finance, and supply chain finance strive to build a green, healthy, intelligent and peaceful Silk Road, and enhance the well-being of people around the globe.

The “Belt and Road” is a grand blueprint that has never been seen in human history. It is also a warm heart line that connects Asia, Africa and Europe to countries around the world. The Silk Road Economic Belt includes China via Central Asia, Russia to Europe (Baltic Sea), China via Central Asia, West Asia to the Persian Gulf, the Mediterranean Sea, China to Southeast Asia, South Asia, and the Indian Ocean; the 21st Century Maritime Silk Road includes from China's coastal ports to the South China Sea as well as the Indian Ocean that extends to Europe and the South Pacific. Friendly exchanges among countries are just a camel-ride and a boat trip away from each other.

In this new era and the great course of renovating the spirit of the ancient Silk Road, President Xi Jinping dedicated to cherish the pioneers of the Silk Road and particularly pay tribute to the founders of the spirit of the ancient Silk Road:

“In ancient times, our ancestors struggled through deserts and sailed in boundless seas to transport Chinese products to countries overseas, taking a lead in international friendly contact. Along that path, Kan Ying,

Zheng He and Ibn Battuta were all known as envoys of this China-Arab friendship. Through the Silk Road, Chinese inventions like paper-making, gunpowder, printing and the magnetic compass were spread to Europe, and Arabic conceptions like astronomy, the calendar and medicine were introduced to China.

For hundreds of years, the spirit that the Silk Road bears, namely, peace and cooperation, openness and inclusiveness, mutual learning, mutual benefits and win-win results, has lived on through generations.”[1]

There is a Chinese saying that when you drink the water, think of those who dug the well. The implication that the Chinese people never forget history is clearly demonstrated in our excellent cultural tradition of commemorating the sages and at the same time looking forward to the future. It also points out the direction and path for the Chinese Biographical Literature Society to participate in the “Belt and Road” initiative.

On the ancient Silk Road, we have never forgotten Zhang Qian's diplomatic missions to the western regions in Han Dynasty that include Kazakhstan, the good neighbor Pakistan with high mountains and beautiful rivers, acrossing Eurasia country Russia, grassland country Mongolia, Himalaya floating paradise Nepal, Bodhi Ganges blessed country India, cultural treasure Iran, the first Codex System member country Iraq, Red Sea gateway Yemen, oil kingdom Saudi Arabia, the Persian Gulf pearl Bahrain, cedar country Lebanon, Gulf Star Kuwait, desert peak UAE, the Peninsula pearl Qatar,and Oman - the gatekeeper

[1] Xi Jinping: “Promoting the Silk Road Spirit and Deepening China-Arab Cooperation.” Key note speech at the opening ceremony of the 6th Ministerial Meeting of the China-Arab States Cooperation Forum, June 6, 2014, People’s Daily, section one.

of Hormuz Strait, thousand-lake country Belarus, Turkey at the Eurasian crossroads, Israel - a land flowing with milk and honey, Ukraine of European granary, Italy - the cultural pinnacle of Apennines, Switzerland on the top of Europe, rose country Bulgaria, and Germany, a nation famous for great thinkers, France, the center of the European culture, the welcoming and comfortable Belgium, tulip country Netherlands, the warm and sunny Spain, as well as the elegant England, pyramid country Egypt in North Africa, Ethiopia on the roof of Africa, the Vanilla Capital country Madagascar, and so on.

Along the Maritime Silk Road, we will come across Malaysia, the country of rubber, garden country Singapore, the Thousand Islands country Philippine, and Indonesia, an emerald on the equator line. Down the Lancang-Mekong River all the way south, we will experience Vietnam whose land moistened by the Lancang-Mekong River, Thailand, the country of thousand Buddhas, the smiling country of Khmer Cambodia, and Laos, the “Land of a Million Elephants.” On the Indian Ocean, we will also see the ocean pearl Sri Lanka, the ocean star and key Mauritius, the rich and abundant Brunei, the freedom seeker East Timor, the idyllic Maldives, and Australia, a country on the back of the sheep, New Zealand, the back garden of God, and so on.

In the countries along the Belt and Road, those ancient and modern figures who have influenced human and social development, the destiny of countries and nations for thousands of years, and have had dealings with China are still seen in today’s textbooks, movies and television dramas. Their influence and charm are still felt by generations of young people.

Certainly, for the Chinese people, we are more familiar with the pioneers of the Silk Road. Have we ever remembered? Among the trail blazers of the Silk Road were Emperor Wu of Han Dynasty and his envoys, Emperor Li Shimin, the co-founder of the Tang Dynasty that epitomized a golden age and his subjects, the Song imperial court and numerous sages who continued good-neighbor practice and friendly maritime navigation, as well as the Yuan Dynasty warriors who led armored cavalry with shining spears, the Ming Dynasty figures who unified the country, and the Qing Dynasty characters who maintained a clear mind during global turmoil, as well as the modern individuals who, by learning from both the west and the east in a time of rapid change, had the courage to build a sea power nation. There were also the guardians of Dunhuang Mogao Grottoes known as the Silk Road Pearl, the generals who safeguarded the country and helped the neighbors, and the diplomats who convey information and messages between China and foreign countries. Without a doubt, it is our current era that features true heroes. We can not praise highly enough the contemporary people who have been plunging themselves into the development of the new Silk Road.

Hard work pays off, family line continues, wisdom passes on, and history pushes forward! The history of friendly exchanges for more than 2,100 years has never ceased, and traffic between China and the West, which benefits the three continents, has been nonstop. The “Chinese Dream” and “World Dream” in the 21st century have become the chord of our time for humanity’s shared future, resounding on the “Belt and Road.” For this reason, in May 2017, Beijing welcomed thousands of leaders from all walks of life, including heads of government, former eminent statesmen, well-known entrepreneurs, distinguished experts and scholars from the “Belt and Road” countries, as well as leaders of international organizations to attend the first “Belt and Road” Forum for International Cooperation. This grand event of “Thousands of people’s meeting" shared "solidarity, mutual trust, equality, inclusiveness, mutual learning and win-win cooperation"[1] and exchanged views on this "great undertaking benefiting of the people of all countries along the route."[2] This is a big day that should be remembered in the history of the Chinese nation and the world.

In the implementation of the "Belt and Road" initiative, the Chinese Biographical Literature Society that devotes to biography writing, takes as its the mission "telling the good stories" of the "Belt and Road," which is also the responsibility entrusted to us by the state.

Under the leadership of the China Federation of Literary and Art Circles and the guidance of the National Global Strategic Think Tank of the Chinese Academy of Social Sciences, the Chinese Biographical Literature Society, with its love for the family and the nation, a keen spirit of the age and the responsibility of writing decent biographies, by careful research, thorough planning and thoughtful organization, made an unwavering decision to devote itself to organizing and publishing the "The Legend of the People along the Belt and Road nations." These brilliant volumes of biographies tell the stories of nearly a thousand national characters, involving laborious work from hundreds of expert writers who had been writing day and night over last year. Our gratitude extends to China International Chamber of Commerce for the Private Sector for their sponsorship, and Contemporary World Publishing House Co., Ltd., a central state cultural enterprise, for the publication distribution. Thanks to their generosity and effort, readers now have the opportunity to

[1] Xi Jinping: "Promote Friendship between Our People and Work Together to Build a Bright Future." Keynote speech at Nazarbayev University in Kazarkhstan, September 7, 2013.

[2] Ibid.

read the vivid yet serious and interesting yet enlightened biographies of outstanding people from many nations.

Confucius said, “Benevolence is the characteristic element of humanity.” Let the brilliant ideas of the wise men of all nations light up our path to explore the future of mankind.

The biographies are written for high ideals. Herein is the introduction.

President of the Chinese Biographical Literature Society
Director of the Editorial Board of
“The Legend of the People along the ‘Belt and Road’”
Dr. Wang Li
March 30, 2019

目 录

Chapter 06

白手起家的企业家
——邱德拔

Chapter 07

不只为商业奋斗的商人
——郭令裕和他的家族

Chapter 08

乐坛双子座
——沈炳光和黄任芳

Chapter 09

华语小说的先驱
——黄孟文

Chapter 10

用笔传播真善美
——尤今

Contents

一带一路

引　言

新加坡共和国（Republic of Singapore），简称新加坡，旧称新嘉坡、星洲或星岛，别称为狮城，位于马来半岛南端，包括新加坡岛和附近的63个岛屿，其中新加坡岛占全国面积的88.5%。新加坡地势低平，平均海拔15米，最高海拔163米，海岸线长193千米，扼太平洋与印度洋的咽喉，北隔柔佛海峡与马来西亚为邻，有长堤与马来西亚的新山相连；南隔新加坡海峡与印度尼西亚相望，地处太平洋与印度洋航运要道马六甲海峡的出入口，地理位置非常重要。

在公元3世纪，当时人们对新加坡的了解甚少，中国人则把新加坡称为蒲罗中（据考证出自马来语，意为“半岛南端的岛屿”）。14世纪，新加坡属于拜里米苏拉建立的满剌加苏丹国。19世纪初被英国占为殖民地。1942年2月15日，新加坡被入侵的日军占领。1965年，新加坡正式独立。

新加坡共和国成立时确立的国旗是星月旗。新加坡国旗由红、白两个平行相等的长方形组成，长宽之比为3:2，左上角有一弯白色新月以及五颗白色五角星。红色代表了平等与友谊，白色象征着纯洁与美德，新月表示新加坡是一个新建立的国家，而五颗五角星代表了国家的五大理想：民主、和平、进步、公正、平等。

新加坡总人口 561 万（2017 年），其中公民和永久居民 396 万，其余为外来人口。在总人口中，华人占 75% 左右，其余为马来人、印度人和其他种族人。主要宗教为佛教、道教、伊斯兰教、基督教和印度教。佛教是新加坡的第一大宗教，40% 的人口信奉佛教，其中又多为华人。还有一些华人信奉道教、基督教以及天主教等。马来人绝大多数是伊斯兰教徒，印度人则以信奉印度教和锡克教为主。

李光耀被称为"新加坡国父"。他是新加坡人民行动党的主要创始人之一。1959 年 6 月 3 日，新加坡自治邦成立，而人民行动党也在自治邦政府的首次选举中成为立法议院第一大党，由李光耀出任自治邦政府总理。1963 年 7 月，李光耀在伦敦与马来亚东姑阿都拉曼政府达成协议，"新马"正式合并。1965 年新加坡正式独立，李光耀任总理，直到 1990 年辞职，其后任内阁资政到 2011 年 5 月。在以李光耀为首的人民行动党的领导下，新加坡迅速崛起，成为"亚洲四小龙"之一，独立后的 40 年里经济平均每年增长 7%。

独立后，新加坡奉行和平、中立、不结盟的外交政策，主张在独立自主、平等互利和互不干涉内政的基础上，同所有不同社会制度的国家发展友好合作关系。然而，作为一个小国，新加坡没有左右地区和国际形势的实力，其外交活动的重点是维护本国的生存与安全，为本国的经济社会发展创造良好的外部条件。因此新加坡奉行务实的外交政策，加强与东南亚区域内国家的对话与合作，加入第三世界阵营，同时注重发展与发达国家的关系，不介入国际问题的对抗，不介入大国之间的争斗，树立在国际舞台上的良好形象，发挥自身积极的影响力。

1990 年中国与新加坡建立外交关系，但中新之间的交往源远流长。新加坡的历史可追溯至 3 世纪，当时岛上已有土著人居住，其最早文献记载源自 3 世纪东吴将领康泰所著的《吴时外国传》。1320 年，元朝派人到一个叫“龙牙门”的地方寻找大象，这或许指的是新加坡的吉宝海港。1330 年前后，一名叫汪大渊的中国人到达这里，称这个地方为“龙头”，并说已经有中国人在此居住。1365 年成书的《爪哇史颂》，把新加坡称作“淡马锡”。1819 年，英国不列颠东印度公司雇员托马斯・斯坦福・莱佛士登陆新加坡，并开始管辖该地区。1824 年，新加坡正式成为英国殖民地。1942 年日本侵略者占领新加坡，新加坡人民进行了英勇反抗。新加坡华人众多，这里也是南洋华侨的抗日运动中心。

陈嘉庚领导的“南洋华侨筹赈祖国难民总会”曾发动东南亚800万华人，为中国筹集了折合4亿多元国币的巨额外汇。此时落入虎口的新加坡华裔由于先前曾大力援助中国抗日，又组织义勇军进行过英勇的抵抗，而遭到日军的忌恨和疯狂的报复。据不完全统计，在日本占领新加坡三年多的时间里有两万至五万名华人惨遭杀害。1967年2月15日，新加坡和平纪念碑落成揭幕，并将2月15日定为沦陷日，人们在这里悼念死难的平民。

1980年6月14日，中国和新加坡关于互设商务代表处的协议在北京签订，次年9月两国商务代表处正式开馆。自1990年10月3日中国和新加坡建交以来，两国在各个领域的互利合作成果显著。两国签署了《经济合作和促进贸易与投资的谅解备忘录》，建立了两国经贸磋商机制。双方还签署了《促进和保护投资协定》《避免双重征税和防止漏税协定》《海运协定》《邮电、电信合作协定》《中新双方投资促进委员会》等多项经济合作协议。2008年10月，中国与新加坡签署了《自由贸易协定》，成为东盟国家中第一个与中国签订全面自由贸易协定的国家。

近年来，中新贸易持续稳定增长。中新经济合作已经成为双边关系中的亮点和最重要的组成部分。中国和新加坡保持着密切的经济合作，双向投资非常活跃。2015—2017年新加坡成为中国第二大外资来源地，仅次于中国香港。与此同时，新加坡也成为中国企业海外投资的重要目的地之一。双方重要的政府间经济合作项目有苏州工业园区、无锡工业园和大连港集装箱码头，天津生态城则是中新两国将合作从制造业向生态保护迈进的一个重要起点。目前中新两国建立了 3 个副总理级经贸合作机制，涉及双向投资、劳务合作和服务贸易等诸多领域的部门间工作合作机制，以及与中国 7 个地方省市政府与新加坡相关政府间的省部级经贸合作机制。

2015 年 11 月 6 日，中国国家主席习近平应新加坡总统陈庆炎的邀请，对新加坡进行了国事访问，这也是纪念中新建交 25 周年的重要活动之一。习近平指出，中国和新加坡是亲密友好邻邦。建交 25 年来，两国高层保持着良好的交往传统，各领域合作不断深化拓展，取得了丰硕成果。在习近平主席访问新加坡期间，新加坡以习近平主席和夫人彭丽媛的名字为该国国花胡姬花的新品种命名，这被看作是新加坡对来宾的最高礼遇。习近平和彭丽媛到植物园参加了新加坡国花胡姬花新品种的命名仪式。

语言是交流、合作与建立友谊的桥梁，不管是在政治还是文化交流上，都发挥着重要作用。新加坡使用简体汉字，官方文字为英文，公函、商务往来和其他经济业务性质的书信通常以英语为主。基于语言优势以及中新的密切往来，新加坡成为中国游客最喜爱的东南亚地区旅游目的地之一。在东南亚地区，新加坡有很多排名居于前列的景点，例如，环球影城、圣陶沙、克拉码头、金沙娱乐城、植物园、鱼尾狮公园、裕廊飞禽公园、动物园、佛牙寺、国立博物馆等。

新加坡旅游业取得的成果与其便利快速的交通网络有很大关系。新加坡是世界上重要的转口港及联系亚、欧、非、大洋洲的航空中心。公路干线总长度约 3000 千米，公共交通发达，以地铁、巴士为主，轻轨、的士为辅。首条地铁于 1987 年开通，轻轨总里程 28.8 千米，全岛共有 300 多条巴士路线，快捷高效的交通系统成为新加坡的一张名片。

除此之外，美食在旅游业方面也发挥着重要作用。多元的文化和开放包容的传统使新加坡拥有了令人艳羡的美食，成为一个美食天堂。来自中国、印度、马来西亚等诸多国家的饮食文化在这个亚洲美食的大熔炉里火热碰撞、各显所长。最为出名的新加坡美食有海南鸡饭、咖喱鱼头、叻沙等。海南鸡饭是新加坡的“国食”；咖喱鱼头是最具新加坡风味的美食；叻沙为典型的娘惹（早期华人和马拉人通婚的后代）或土生华人的菜肴。

新加坡的历史虽然短暂，但是新加坡人民用勤劳和智慧谱写出它独有的壮丽与辉煌。这其中的代表人物如华人文学家黄孟文；新加坡海港城市的创建者托马斯·斯坦福·莱佛士；企业家邱德拔；民选总统塞拉潘·纳丹等等。

本书将通过对十余位新加坡名人的素描，让您了解一个充满魅力与生机的花园之国。

一带一路

Chapter 1

新加坡国父

——李光耀

國父
新加坡的开国元首
李光耀

李光耀（Lee Kuan Yew，1923—2015），又名GCMG. CH，新加坡华人，祖籍广东省梅州市，毕业于新加坡莱佛士书院，新加坡人民行动党创始人之一。曾任新加坡首任总理、新加坡最高领导人、国务资政以及内阁资政、新加坡人民行动党秘书长、立法议院（1965年12月改称国会）议员、总理公署高级部长、国际儒学联合会名誉理事长，被誉为“新加坡国父”。2015年3月23日逝世，享年91岁。

01

成长环境与家族成员

“我来到这个世上，并不是为了探索什么生命的意义，更不会对这个深奥的问题发表长篇大论。我的生命的意义就是我做到了我想做的事情，而且我一直是尽力而为，所以我很满足，没有遗憾。”2015年3月23日，“新加坡国父”李光耀走完了他的一生。

1923年9月16日，李光耀出生于新加坡甘榜爪哇路92号的一个华侨家庭。他的祖籍是中国广东省梅州市大埔县高陂镇党溪乡。曾祖父李沐文于1862年从广东大埔移居南洋。祖父曾经是一艘轮船上的事务长，后来经商，通过努力发家致富。李光耀对祖父非常亲近和崇拜。在他的记忆里，祖父的作风非常西化，经常穿得像个英国绅士，有夹袄、老式领带、硬领，穿条纹长裤，鞋子上还附有鞋罩。祖父经常给他讲自己的奋斗故事和对于英国人的印象。比如，不论温度和湿度多高，所有船员用晚餐时都必须穿上衣领紧扣的白色棉质斜纹外套，餐桌上整齐地摆放着盘碟、刀叉和餐巾。李光耀从这些讲述中，对英国人讲求秩序、实力和效率的风格印象深刻。

李光耀的父亲李进坤，过着富家子弟的优渥生活。祖父给父亲在两家一流的百货公司开了个没有限额的户头，父亲可以随心所欲地购买自己喜欢的东西，挂账就行了。父亲读完初级学校课程后，便结束了正规教育。后来当世界经济大萧条来临，家族的财产丧失殆尽时，他因为没有受过任何专业训练，只能在一家石油公司找到一份仓库管理员的差事。父亲共生育 4 个孩子，李光耀是长子。父亲对孩子们要求很严，李光耀儿时的生活并非完全充满欢乐。父亲时不时会怀着恶劣的心情回到家中，特别是在赌场输了钱后，会要母亲把一些首饰给他，把首饰典当后再回去碰碰运气。为此父母会发生可怕的争吵。父亲有时会变得很粗暴，但母亲却是个勇敢的女人，无论如何都要保住她的父母给她当嫁妆的首饰。她性格很坚强，精力充沛，足智多谋。她 15 岁就嫁给了父亲。

在那个年代，女人的任务就是做个贤妻良母，多生孩子，并把孩子抚养成人。母亲让孩子们接受良好的教育，成为自食其力的专业人士。为了孩子们的远大前途，她毅然挺身跟丈夫对抗。李光耀和他的弟妹们深知母亲为他们做出了不少牺牲，觉得无论如何不能让母亲失望，所以努力做到不辜负母亲的期望。由于李光耀是家中长子，在他稍大时，母亲便开始跟他商量家中的重要决定，这也磨炼了李光耀处事有谋、做事果断的品性。

1940 年，李光耀中学毕业时，因成绩优异，被录取到政府创设的莱佛士书院学习。1946 年先是在伦敦经济学院学习经济，后来又转去剑桥大学学习法律。如果一切顺利，他可以在英国找到一份和他学历相匹配的专业工作，或者成为政府雇员，继续为英国人服务，然而他没有这么做，他选择回到新加坡发展事业，他加入了一家律师事务所。

1950 年 9 月，李光耀与在莱佛士书院的同学柯玉芝结婚。柯玉芝当时已是一位颇有名望的律师，她的祖籍在中国福建省同安县。李光耀与柯玉芝共育有 3 个子女：长子李显龙、次子李显扬、女儿李玮玲 。

李光耀对妻子的感情很深。妻子晚年因中风卧床不起，不能动弹，也不能讲话。他曾跟人说起：“每天晚上，我跟她说话时，她都知道。她为我保持清醒。我跟她聊我白天的工作，给她读她最爱的诗歌。”李光耀说，他那时候一直在读基督教的婚誓，并被这句话所打动：“无论生病或健康，无论境遇好坏，相亲相爱，相互扶持，相互珍惜，至死不渝。”妻子2013年离他而去时，李光耀用缓慢而模糊的声音读出对亡妻的悼词：“我们在一起的63年，我有珍贵的回忆。没有她，我会是个不同的人，过着完全不同的生活。她为我和我们的孩子奉献一生。我需要她的时候她总是在我身边。”

02 创建人民行动党

日本对新加坡的侵略给李光耀的心灵留下了深刻的伤痕，也改变了他的人生轨迹。1942年2月15日新加坡沦陷，这一年李光耀19岁，他所就读的莱佛士书院也彻底停课。到7月，祖父病重，不久便与世长辞。“他老人家不明白，为什么这样一个邋邋遢遢不起眼的民族，能够打败相貌堂堂的英国人。”李光耀在自传里写道。

在日本人占领期间，李光耀有过一次死里逃生的经历：有一天，日本人将很多华人集中到一个运动场里，进行检查。运动场的所有出口都有日本兵把守。如果通过检查，每个人的手臂上会盖上一个“检”字，然后才可以回家。李光耀也被扣押在人群里。排队检查时，可能是个子高的缘故，日本人让李光耀和另外几个青年单独站在一起。李光耀感到不对劲，他借口找东西，在一个房间里待了整整一晚上。直到第二天，检查站的日本兵已经换岗，李光耀才得以过关。事后他才知道，那些随意挑出来的青年们被运送到了海滩，下车后被绑在一起，强迫他们走向海面，接着日本人用机枪扫射他们。为了确定所有人都已经死亡，日本人还用脚踢、用刺刀戳每一具尸体。最后所有的尸体都没有被埋葬，而是暴露在海滩上，任由海水冲刷腐烂，惨不忍睹。

李光耀侥幸逃过一劫，但“日本人对新加坡的侵略给我上了一堂深刻的政治课，因为在长达三年半的时间里，我看到了权力的意义，看到了权力、政治和政府是密切相关的”。李光耀后来这样谈起日本侵略和占领新加坡的情形。

他立志从事政治活动，要建立自己的权力金字塔，要为新加坡人摆脱外族的侵略和欺凌努力奋斗。

李光耀从英国学成回到新加坡后加入了一家律师事务所，主要是为老百姓打官司。但这不是他的终极目标，他要通过这些工作组织群众，推翻殖民统治。1952 年，马来亚邮电工人大罢工，李光耀被聘请为邮电工会的法律顾问，他和一些工会代表一起与英国殖民当局谈判。由于李光耀的出谋划策，最终达成了有利于工人和工会的协议，李光耀也因此声名远播，成了 100 多个工会的法律顾问，这为他赢得了广泛的群众基础。后来他又参与声援华校学生的反殖运动。当时华校学生们创办了鼓吹独立的报刊，英国殖民当局认为这一行为违法，对学生实施逮捕，并进行公开审判。李光耀为学生辩护并取得胜利，这再次令李光耀声名大噪。得到了工人和学生的支持，李光耀积累了一定的政治资本，但他也意识到光有工人和学生的运动并不足以推翻殖民统治，还需要组建政党接过殖民者手中的政权。

早在剑桥大学留学时，李光耀就与吴庆瑞、杜进才等人商议过创建政党的事。回国后，他们一边工作，一边酝酿创建一个受广大人民群众欢迎的政党。一批自称民主社会主义者的精英一周一次或两周一次来到李光耀位于欧思礼路 38 号的家中聚会，讨论如何组建政党，应该采取什么样的建党纲领，以使该党能广泛地吸引民主主义者和具有激进政治思想的人。

人民行动党应运而生。

人民行动党的建党发起人一共 14 名，其中包括 2 名律师、2 名记者、2 名教师、1 名大学讲师和 7 名工会领袖。李光耀是主要创始人之一。“人民行动党”这个名称的由来，按照权威的解释，是因为这个政党是为人民而建立起来的。至于

“行动”则是取自一个叫作“联合行动委员会”的组织名称。李光耀是“联合行动委员会”的秘书。人民行动党的党徽是白底蓝圈，圈上有一道红闪电，它们都有着独特的象征意义：白色象征纯洁和忠诚，蓝圈象征信心和团结，红闪电象征勇气和行动。在20世纪50至60年代，不少马来亚人都把人民行动党称为“闪电党”，因为当时许多没有受过正规教育的选民，都是凭人民行动党党徽上的“闪电”来辨认候选人。他们甚至认为，人民行动党能领导他们，像惊雷、闪电一样以果敢的行动，粉碎殖民主义的统治，建设他们的美好家园。

在成立大会上，首先通过了《人民行动党宣言》。宣言指出，人民行动党的宗旨是不使用武力而获得民族独立和自由。宣言呼吁：“我们必须缩小财富分配不均，保证体力劳动者和脑力劳动者获得他们在工业和企业中的丰硕果实。”李光耀还以发起人的身份，向大会宣布了人民行动党的党纲：

（1）结束殖民地统治，建立一个包括新马两地的独立国家；

（2）成立一个由马来亚人组成的民主政府；

（3）废除贫富不均的不平等制度；

（4）建立统一经济秩序，让所有公民都有工作的权利，并能享用他们用劳力和技能换得的成果；

（5）确保人民享有基本的生活和社会保障；

（6）培养人民有一种民族团结、自重、自给自足的精神，并憧憬一个繁荣、稳定和公正的社会。

李光耀同时宣布了临时中央执行委员会的名单：

主席：杜进才

秘书长：李光耀

李光耀发表了重要演讲。他阐述了宣言和党纲中的重要精神，宣布人民行动党的奋斗目标是要使所有成年人都有投票权、工作权，经济上得到充分的报酬，废除社会财富分配不公正、不平等的做法，对丧失工作能力的人给予社会保障，促进民族团结，培养民众自尊、自力更生和勤劳奋斗的精神。他同时抨击进步党的工作，抨击英国殖民统治者一手炮制的《新马宪法草案》和《紧急状态法令》。李光耀强调指出：“《紧急状态法令》授予了行政当局为所欲为的权力，使认真的民族主义运动难以存在。”李光耀在接受《海峡时报》记者采访时指出：“我们拒绝新加坡和联邦的宪法，因为最高权力和控制权仍旧落在殖民国家手里，而不是在人民手里。凡是剥夺人民主权的宪法，我们都不能接受。”

会场上响起了海顿创作的《创世纪》，把人们的思绪引向崇高的境界：

他品德崇高又威严，
他仪表英俊又健康，
是顶天立地英雄男子汉，
不愧是人类的老祖先……

1959年至今，人民行动党在新加坡政治中一言九鼎，它议行合一、控制政府、主导议会、结盟工会、支配社会、统摄全局、长期执政。这一切都与李光耀密不可分。

李光耀是人民行动党的灵魂。白衣是人民行动党的党服，每逢重大活动，人民行动党员都统一穿上白衣，成为一道亮丽的风景线。他们为什么穿白衣？李光耀解释说，我们着白色服装，是要向人民传递一个信息，人民行动党与其他政党不同，我们的领袖是廉洁的，没有贪污，没有裙带关系，不会以权谋私……这既是一种象征，又是一种宣示，还是一种提醒。也就是说，人民行动党是一个有理想、有信仰、有纪律的党，从而赢得了人民的支持和拥护。

李光耀是人民行动党的一面旗帜。从党成立到1990年，李光耀一直担任人民行动党的秘书长。作为人民行动党的领袖，李光耀以个人的政治理念和领导作风主导人民行动党的执政风格和价值取向，赢得了长期的执政地位，成为人民行动党的骄傲。

2015 年 3 月 23 日，当李光耀逝世时，人民行动党主席许文远代表行动党中央执行委员会在《联合早报》上发表文告称：“创党秘书长李光耀把一生奉献给人民行动党。因为有了他的奉献与牺牲,成千上万的新加坡人民过上了好日子，李光耀的逝世，是人民行动党无法弥补的损失。”

03

公认的“国父”

争取独立是李光耀的夙愿。争取独立的斗争也是一波三折。

争取独立，首先是要从英国的殖民统治下解放出来。1786—1824 年间，英国先后侵占槟榔屿、新加坡和马六甲，分别派遣行政官员进行单独统治，隶属英国东印度公司。1826 年，为强化对槟榔屿、新加坡和马六甲的殖民统治，英国当局又将这三个殖民地合并为海峡殖民地，以槟榔屿为首府（后又移至新加坡），隶属印度马德拉斯省。1867 年，又将海峡殖民地改为皇家直辖殖民地，由英国殖民地部直接管理。

李光耀从英国留学回到新加坡，在创建人民行动党时，就已经下定争取独立的决心。人民行动党党纲的第一条就是结束殖民地统治，建立一个包括新马两地的独立国家。此后，他一直为这个理想而奋斗。1954 年的反殖民地斗争让他看到了胜利的曙光。1958 年，英国殖民当局核准《新加坡自治方案》，同意新加坡通过 1959 年大选从半自治状态变为全自治，但英方保留新加坡的国防、外交、修宪和颁布《紧急状态法令》大权。1959 年 6 月，李光耀受新加坡总督威廉古德邀请担任新加坡总理。6 月 5 日，年仅 35 岁的李光耀宣誓就任新加坡第一届自治政府的内阁总理。

李光耀担心，小小的新加坡很难发展，因此，一直希望与马来亚合并成立“马来西亚”。1961 年 5 月 27 日，马来亚内阁总理拉赫曼在新加坡公开演讲，建议合并马来亚、北婆罗洲（沙巴）、沙捞越、文莱和新加坡，创立新的马来西亚共和国。经过李光耀的多方斡旋，新加坡与马来亚终于在 1963 年 9 月 16 日合并成立马来西亚联邦，这天也是李光耀 40 岁生日。合并后，新加坡在马来西亚联邦内有一定的独立性，李光耀的身份仍然是新加坡总理。

但新马合并后，并没给新加坡带来富裕、稳定和安全感。

1965 年，以李光耀为代表的人民行动党同马来西亚的所有反对党联合成立了“马来西亚团结总机构”，并发起“马来西亚人的马来西亚运动”反对中央政府的种族歧视政策。人民行动党在马来半岛越来越活跃，马来西亚当局担心人民行动党会成为马来西亚最大的政党，将主宰整个马来西亚，把马来半岛变成华人的天下，于是他们决定把新加坡逐出马来西亚。

1965 年 8 月 9 日，新加坡宣告脱离马来西亚，成为一个独立的共和国。这种独立对于李光耀来说并非荣光。当宣布此事时，李光耀泪流满面。在他的一生当中只哭过两次，一次是他母亲去世，另外就是这次的新马分家之时。

1965 年新加坡迫不得已脱离马来西亚时，如同汪洋里的舢舨、“失去躯壳的心脏”，“不知何去何从”。

面对突如其来的困难，李光耀视人民的信任和勤俭好学为“最宝贵的资产”，给自己领导的政府设立了三条标准：小心翼翼对待人民的信任，避免因管理不当和贪腐糟蹋了它；政策公平、不偏不倚，确保由多种语言、文化、宗教组成的社会团结一致；务必使社会刚强勇猛、冲劲十足，在国际市场上富有竞争力。

新加坡自 1965 年独立以后，在不到 30 年的时间里迅速崛起，20 世纪 90 年代从第三世界跨入世界发达国家行列。新加坡统计局数据显示，1960 年新加坡人均 GDP 为 428 美元，1989 年便已突破 1 万美元，2014 年达到 5.6 万美元。当年的国际舆论评价：“新加坡站在最小的国土面积上，创造了最大的发展空间，取得了最大的经济成果，同时也得到了最大的国际声望。”在国际发展指标评估中，新加坡在世界政府效率排行中连续 8 年名列第一；竞争力排名仅次于美国，位列第二；是世界最大的转口贸易中心、集装箱码头，世界最大的计算机硬盘生产国，世界第二大钻井平台生产基地和电子中心，世界第三大炼油中心，世界第四大外汇交易中心和世界第五大金融中心，商业环境和全球化指数多年被评为世界第一，也是世界最廉洁的国家之一，排名第四位。在 7000 多家外国投资企业中，有 3600 多家属跨国公司的区域总部，64% 的固定资产投资来自跨国公司。至今新加坡也是中国第五大投资国和十大贸易伙伴国之一。新加坡还是世界花园城市、宜居城市和电子城市，每年接待 1000 多万游客。据 2017 年经济数据，新加坡人均 GDP 达 5.8 万多美元，人均寿命 83 岁，是小国中的“大国”。

法国前总统希拉克曾说过，李光耀带领新加坡走上了一条“进步的捷径”。新加坡的成功秘诀，并非仅仅是“威权政府＋严刑峻法＋自由贸易＋通用英语＋跨国公司＋全球人才＋花园城市＋科技教育＋儒家文化＋冷战时代的国际便车……” 李光耀总结自己的治国经验：“要成功地转变一个社会，必须满足三个基本条件：第一，坚强的领导；第二，高效的政府；第三，社会法纪。”这些经验弥足珍贵。

04

小国大外交

新加坡是个弹丸之地的小国，要在大国的夹缝中找到立足之地，要生存、要发展谈何容易。但李光耀做到了。

在国际舞台上，李光耀运筹帷幄，否定了“小国无外交”的说法。在近半个世纪的政治生涯中，他在大国之间穿梭自如，与它们建立起不卑不亢的特殊关系，并赢得了国际社会的尊重。他经常从战略的高度，分析时局，阐述大国各自的利害关系，从而为新加坡这个小国拓宽了外交空间。

新加坡处在连接太平洋和印度洋的交通要冲，这就给新加坡制造了先天的安全困境,使它必须积极游走于各方之间，主动“平衡大国”，维护自己的利益。李光耀的外交热衷于三件事：促进东盟一体化，打造可依托的地区联盟；发展与美国的准同盟伙伴关系，引入最可靠的安全保障；推动东南亚国家与中国加强联系，支持中国融入世界。

李光耀的国际观，也是以务实为核心。对他而言，没有人亏欠他们，要生存与发展，他们必须对其他国家有价值。另外，小国要避免沦为附庸国，不能依靠大国的恩赐，而是要确保大国之间的势力均衡。因此，他大力主张美国在本区域维持军事力量，并认为这是区域稳定的基石。与此同时，他也积极鼓励中国以和平的姿态崛起，在本区域扮演积极的角色。

当美国失去了菲律宾的军事基地，新加坡让美军使用它的军事设施，以确保美国在本区域的军事承担。当中国在借鉴外国的经济发展经验时，新加坡推动了新中苏州工业园区项目，进而提升两国的双边关系。

李光耀密切地参与国际事务。2013 年新加坡出版了他的著作《李光耀观天下》。在书中，他凭借丰富经验和深刻洞察力,对世界的形势和20 年后世界可能展现的面貌提出看法。面对横跨美国、中国，亚洲和欧洲的广博世界和复杂多样的政治、经济环境，他剖析了不同的社会现状和人民心理，并提出了有关这些国家未来的结论。这部著作出版后，好评如潮。基辛格说，《李光耀观天下》对广泛的世界课题做了独特和坦率的分析，将半个世纪以来其他领袖向李光耀请教的精辟见解展现了出来。基辛格评价，李光耀是从一个小国走出来的大政治家。他用自己的政治智慧，在大国夹缝中为小小的新加坡找到了一条带有明显的李光耀特色的发展和生存之路，还启发了其他一些国家对生存和发展模式的选择。他对国际舞台上的主要人物和国家的评论也令人叹为观止。

05 名副其实的“中国通”

西方人视李光耀为“中国通”。除了他是华人的因素外，更多的是他对中国的友好态度和对中国的了解。李光耀一直都很清楚，他对中国的关注是为了新加坡的长远利益。什么事情都会发生，尤其是在中国，不搭上这趟飞速奔驰的中国列车，就会被远远抛在后头。

李光耀自 1976 年首次访华至 2015 年的 39 年间，共访华 33 次，被称为“中国人民的老朋友”。从毛泽东、邓小平、江泽民、胡锦涛到习近平，李光耀与他们都保持着良好关系。

1978 年 11 月，邓小平首次也是唯一一次出访新加坡，两位政治家展开历史性会晤。比邓年轻 20 岁的李光耀，赞美邓小平是他一生中见过的印象最为深刻的杰出政治家。邓小平对新加坡所取得的成就表示赞赏。“可是新加坡的人口，还不到上海的三四成。”李光耀表示。邓小平叹息：“如果我只有上海一个城市，我也许能够快速地把它改变。但是我治理的是整个中国呀！”

吃饭时，邓小平询问：“为什么你们能把新加坡治理得这么好？”李光耀说：“早年到新加坡来的华人，都是从中国大陆广东、福建来的那些家无寸土、目不识丁的苦力的后代，而你们留守中国大陆的都是士大夫的后代，没有什么新加坡能做到而中国大陆做不到或者不能做得更好的。”邓小平沉默不语。邓小平回国后，建立4个经济特区。1992年，在访问新加坡14年后，邓小平视察南方时号召：“要向世界学习，特别是要学习新加坡。新加坡的社会秩序算是好的，他们管得严，我们应当借鉴他们的经验，而且比他们管得更好。”随后，数百个来自中国各地的代表团涌入新加坡，众多官员携带照相机、摄像机和笔记本电脑，研究新加坡的治国理政经验。李光耀后来回忆说：“当邓小平对中国人说‘我们将比他们管得更好’时，我知道他并没有忘记我在他访问新加坡期间说过的那番话。邓小平相信中国有能力应对挑战。中国随后二十年的发展历程证明，他是正确的。”又说，“邓小平是我所见过的领导人当中给我印象最深刻的一位。尽管他只有5英尺高，却是人中之杰。”

苏州工业园区，这一中新两国政府间最大的合作项目，从酝酿到实施，从蹒跚学步到腾飞跨越，李光耀始终很牵挂。

在苏州工业园区，从中央公园到金鸡湖畔，从国际学校到外资企业，都留下了李光耀的身影和足迹。1992—2011 年间，李光耀先后 9 次到访苏州，其中 8 次踏足苏州工业园区。在他的推动下，数千名苏州中高层官员和管理人员分赴新加坡接受培训。新加坡方面把精英人才成批派往苏州，不仅面授经验，而且还参与到整个园区的开发之中，“扶上马，送一程”。

近 30 年来，苏州工业园区建设出一座现代化新城，形成一个世界知名的高新技术产业基地，建立了一套与国际接轨的管理体制与运作机制，在产业发展、科技进步、金融管理、环境保护、社会治理、人才培育、体制创新等领域大胆探索，创造了诸多全国“唯一”和全国“第一”。在苏州工业园区，名为“合作”的不锈钢彩色雕塑竖立在中央公园的入口处。整个雕塑造型大方、明快而凝重，象征着中国苏州—新加坡的友好合作，求实进取，开拓创新，以迎接光辉灿烂的未来。

李光耀看好中国的未来。他预测：“中国重新成为国际舞台上的一个重要大国是我们的时代最引人注目的事件之一。中国的经济崛起是非凡的，经济发展规模是人类历史上前所未有的；中国在军事上也取得了长足进展。”

李光耀之所以看好中国的未来，是建立在对中国新领导人的高度评价上。2007 年 11 月访华时，同习近平的首度会面给李光耀留下了深刻的印象。“习近平的大气让我印象深刻。他视野广阔，看待问题深刻透彻，但又丝毫不炫耀才识。他给人的感觉很庄重。这是我对他的第一印象。我进一步想到他曾经受的磨难与考验，1969 年到陕西插队，一步步往上奋斗，从未有过牢骚或怨言。”

06 斯人已去，广受赞誉

2015 年 3 月 23 日凌晨，新加坡“建国总理”李光耀辞世，新加坡举国哀恸。25—28 日，李光耀的灵柩安放于新加坡国会大厦，并在全国各地设立了多个悼念场所，全国各地民众纷纷前往瞻仰哀悼。29 日新加坡政府举行隆重国葬，中国和世界各国政要出席了数十万人唁别的国葬仪式。获悉李光耀离世，国际政要和各国领导人纷致唁电或发表声明，对其去世表示哀悼，并对其一生给予高度评价。时任联合国秘书长潘基文赞扬李光耀是“亚洲传奇人物”，称他以强大的领导力和政治才能广受尊敬。时任美国总统奥巴马盛赞李光耀是有远见的领导者、亚洲事务“了不起的战略家”，是“历史巨人”。奥巴马说，他欣赏李光耀的智慧，并盛赞李光耀是有远见的领导者。李光耀毕生奉献于公职，使新加坡独立建国后，成为当今世上最繁荣发达的国家之一。作为新加坡现代化及建国之父，后代子孙会记得李光耀这位真正的“历史巨人”。时任英国首相卡梅伦表示，李光耀的历史地位不容置疑，是“最伟大的政治家”之一。俄罗斯总统普京指出，新加坡在社会经济和科技领域取得的成就，与李光耀这位“杰出的国务活动家”息息相关。

中国政府和中国人民对这位为中新友好事业做出杰出贡献的老朋友始终怀着尊敬之情，并给予高度评价。李光耀去世后，习近平主席在唁电中表示，李光耀先生是新加坡共和国的缔造者，也是广受国际社会尊重的战略家和政治家。李光耀先生是中国人民的老朋友，是中新关系的奠基人、开拓者、推动者。李光耀先生同中国老一辈领导人共同确立了中新关系的发展方向，为增进两国人民友谊、开拓两国合作做出了重要贡献。

Chapter 02

新加坡的开埠功臣

——托马斯·斯坦福·莱佛士

Engraved by Thompson, from a Miniature in possession of Mrs Raffles.
Sir Thos. Stamford Raffles, Knt. F.R. & A.S.
Lieut-Governor of Bencoolen, &c.
Published by Henry Fisher, Caxton, London. Jany. 1824.

托马斯·斯坦福·莱佛士（Thomas Stamford Bingley Raffles，1781—1826），出生于西印度群岛牙买加的一个英国人家庭。1795年，当他刚14岁时，即已是英国东印度公司的临时书记，1805年被派到槟榔屿担任助理秘书，1807年被提升为政治秘书。1818年，英国东印度公司派遣莱佛士前往马六甲海峡以东进行考察，他发现了新加坡，后被尊为“新加坡的开埠功臣”。现在新加坡无论在维多利亚纪念堂前的广场上，还是在克拉码头新加坡河畔的莱佛士广场上都有他身穿燕尾服、双手交叉胸前、目视远方作沉思状的青铜雕像。在新加坡，还有以“莱佛士”命名的图书馆、博物馆、宾馆酒店、学校和街道等。

01

贫困的生活造就不平凡的人生

1781年7月6日，莱佛士出生在英国一个小资产阶级家庭。婴儿时期的莱佛士生活不是很幸福，父亲是一位负债累累的船长，母亲没有职业，是一位全职太太。莱佛士生活独立，他从小就是同学中的佼佼者，有着常人没有的“魔力”，似乎总有使不完的劲儿。

1785 年春，莱佛士正在上小学。一日，语法老师如往常一样在课堂上碎念着课本，莱佛士似乎受够了老师像念咒语一样的教课方式，以及时不时的嘲讽，在课堂上与老师发生了激烈的冲突。随后，莱佛士被勒令退学。这一噩耗传到了家里，母亲的恳求、父亲的努力都没能让莱佛士孩子重进学校的大门。

此时，莱佛士的家庭也出现了新的状况——父亲失业。莱佛士有 4 个姐妹，一家 7 口的所有开销都靠父亲一人。现在父亲失业，没有了收入，于是，莱佛士担起了责任，在家照顾母亲和 4 个姐妹。莱佛士在 14 岁的时候，进入英国的不列颠东印度公司，开始了自己的职场生涯。莱佛士在工作的同时自学知识，钻研科学，通过学习来提高自己。

由于家庭贫困，没有钱买书籍，莱佛士仅仅依靠借他人或学校的书籍来学习。莱佛士也没有足够的钱上学，只能在学校周围或是在教堂里学习。此时的莱佛士强烈地意识到，只有自己知识储备充足，才能在今后的生活中游刃有余，才不至于像一些乞丐一样流落街头。莱佛士的青年时代除了工作就是读书。他将自己在书本上学到的知识运用到工作中，除了让自己的工作更上一层楼外，他为人处世的态度也发生了深刻的变化。莱佛士学会了与上级打交道，感悟到科学世界的种种奇妙，自己在工作中也有了一定的收获。这让莱佛士在事业上得到了前所未有的成功。

1805 年，莱佛士被公司派往槟榔屿任职，从此他有了自己的事业，开始了自己与东南亚的一段情缘。槟榔屿是英国在东南亚的立足点，是英国重要的殖民地。莱佛士似乎没有殖民统治者的那种暴力，他到了槟榔屿，开始与当地的居民进行交流。他学习当地的语言、当地的历史，同时还了解当地的文化习俗。莱佛士的到来没有带来杀戮，没有破坏当地的秩序，他带来了英国发达的科学技术，教当地的居民在劳作和生活中使用各种器具。这些做法，给当地带来了经济利益，也使莱佛士广受欢迎。此时，莱佛士在工作上也有了新的提升。莱佛士的行为受到了印度总督吉尔伯特·艾略特·默里·基宁蒙德的赏识，他认为莱佛士极具领导才能，对社会的管理有独到的一面。基宁蒙德甚至提出了极力栽培莱佛士的计划。莱佛士知道，被赏识是对自己极大的肯定。有了印度总督的扶持，也就意味着在自己未来的道路上有了依靠，而这个靠山还是极有能力与实力的人，可以说此时的莱佛士迎来了事业上的春天。

1811 年莱佛士作为基宁蒙德的参谋，随英国舰队攻克巴达维亚，基宁蒙德对他的工作大为赞赏，被任命为爪哇代理总督，此时的莱佛士年仅 30 岁。随后莱佛士开始了独当一面的管理者生涯。在基宁蒙德返回加尔各答后，为了有效管理爪哇数百万的民众，莱佛士采取了自治制度，使民众的自我管理和物质生活水平有了一定的提升。莱佛士对当地的奴隶制贸易十分不满，当时奴隶买卖十分猖獗，人权得不到保障。莱佛士从小就受够了这种没有人权的侮辱，因此他在当地的治理中不断地加强对人权的保护。他认为奴隶买卖是对生命的极大不尊重，相信每个人的生命都应该受到保护。所以，在他治理期间，首先废除了奴隶贸易。此外，还修复了一些古迹，进行了土地改革，以新的土地租赁机制取代旧时的强制农业计划。在过去，土地属于地主，而奴隶就成了他们私有的劳动工具。奴隶被“使用在农场”天天干活，却没有自己的收获。莱佛士进行了土地改革，他将地主的土地收归国有，然后把土地分给农民。莱佛士的举措在当地产生了深远的影响，当地的经济有了一定的发展，社会秩序进一步好转。

在莱佛士治理期间，由于他接受了英国这样的发达资本主义国家的洗礼，相信开放使国家富强，封闭使人民受难。因此，莱佛士引导爪哇不断加强与其他国家的合作，开设海外贸易市场，进行海内外的经济贸易活动。或许是自年幼时期的苦难生活，让莱佛士有了仁慈之心，他总是积极观察人民的生活、国家的动态，时刻想着怎样使人民的生活过得幸福。由于莱佛士的治理措施为殖民地百姓耗资太多，而东印度公司只是以盈利为目的。因此，莱佛士的治理活动受到了公司董事会的质疑和反对。随后，莱佛士被公司召唤回国，他的“伟大梦想”也只能告一段落了。

1816年3月，莱佛士被公司以其妻子亡故为由召唤回国。由于自己的管理受到了董事会的反对，董事会部分成员认为莱佛士的行为给公司造成了严重的经济损失，因此，在之后的竞选中，他虽然被选为皇家协会会员，并且被授予爵士称号，但是却未能重新获得东印度公司当权者的信任。

1815年，拿破仑政府倒台，英国在维也纳会议上承诺将爪哇归还给荷兰王室，以此作为交换，允许英国在苏门答腊岛明古鲁保留一个商业据点。莱佛士在1818年被派往明古鲁担任代理总督。明古鲁作为苏门答腊岛的一部分，在岛内有一定的影响，但明古鲁并不在苏门答腊岛的中心地带，地理位置有些偏远，因此莱佛士决定在明古鲁的周围寻找新的发展空间。这时他所学的知识就派上了用场，莱佛士凭借所学的东方学知识开始在明古鲁周围开辟新的据点。由于莱佛士口才卓越，又有领导才能，将士们对他非常敬仰，就连他的上级领导都被他说服了。于是，在1819年2月29日经过印度总督黑斯廷斯侯爵的同意，莱佛士在马来亚半岛的南端找到了一个小岛，建立了一个新的自由贸易港，这个小岛便是今日的新加坡。在当时，莱佛士还做了一个惊人的决定——

他宣布东印度公司已经从柔佛州的苏丹国王手里获得了新加坡的治理权。然而，事实上新加坡的治理权并没有得到合法的解决，莱佛士的宣布并没有受到法律的保护。但是莱佛士总有自己的办法，他在苏丹之外设立了一个新的组织，以苏丹弟弟的名义带领着这个组织,然后抢到了新加坡的治理权。

莱佛士到了新加坡后，观察了新加坡独特的地理位置，了解了民众习俗以及居民生活的特点。他认为这个岛的面积虽然很小，但是它作为海港城市有着联络南北、沟通东西的重要作用。新加坡的独特之处就在于它可以和亚洲的任何一个国家进行海上贸易，也可以进行境内贸易；对于美洲来说，它又是一个联络东方世界的重要枢纽。为此，莱佛士对新加坡进行了有效的开发治理，对新加坡的经济进行了改革。

新加坡是一个海港城市，它有着海湾城市的特点，优良的海港就是城市的建设中心，因此，新加坡建立很多的码头，进行海上贸易。其中，在新加坡河入海口处，建立了驳船码头，这是新加坡第一个码头，目的是为了方便商业聚集。驳船码头的建立使新加坡开始了新的海上贸易，新加坡的经济也随之增长。新加坡河的两岸建有各种仓库，用来存放贸易产品，它彰显了新加坡商贸的活跃和经济的繁荣。在码头的后方是一片沼泽地，莱佛士将这片沼泽地改造为商业区。同时，他积极联络周边国家，建立新的合作关系，新加坡也因此开辟了自己的新世界。

莱佛士的到来让理性和文明在岛上生根发芽，他甚至对新加坡城市的未来进行了规划。例如，莱佛士对新加坡的建筑风格做了严格的规定，现在，新加坡的建筑风格上仍有莱佛士的痕迹。在莱佛士的治理中，他重视教育，采取积极的政策鼓励孩子上学。他作为一个虔诚的教徒，努力推行宗教自由政策，致力于改革社会制度。他还引进英式的警察制度，建立法律制度，颁布了新加坡的第一部宪法。

在莱佛士担任新加坡总督的这段时间，他经常深入民间进行调察，和民众一起工作学习。莱佛士也因此对东方文化产生了浓厚的兴趣。他认为东方民族有着自己独特的文化，吸引着更多的外来人士。莱佛士通过几年的治理，便使新加坡的经济步入了正轨，同时，也使新加坡的文化带有了西方特色，这个说中文的国家开始英化，中西文化的结合使得新加坡焕发了新的生命力,为新加坡的进一步发展奠定了基础。

02 人民心中的英雄

莱佛士的治理，对新加坡的发展产生了深刻影响。

为了纪念莱佛士，新加坡人以他的名字命名了广场——莱佛士广场（Raffles City）。莱佛士在新加坡人民心中的地位不亚于华盛顿在美国人心中的地位。除了莱佛士广场，还还有以他的名字命名的“莱佛士酒店”。这是一家有着悠久历史的豪华酒店，新加坡著名的鸡尾酒——新加坡司令就发源于此。这家酒店与中国也有很深的渊源，它是由一位中国籍的侨民建立的。这位华人祖籍海南，是一位著名的调酒师，当时他到新加坡留学，被新加坡的文化氛围所吸引，感受到了莱佛士在新加坡人民心中的地位，逐渐对莱佛士产生了敬佩之情。因此，他特意建立了这家以莱佛士的名字命名的酒店。如今莱佛士酒店已经成为了一家全球性的酒店。1987 年，莱佛士酒店被新加坡政府宣布为国家级的古迹，受新加坡法律保护。

在新加坡除了莱佛士广场、莱佛士酒店，还有新加坡最悠久的学校——莱佛士书院。莱佛士在新加坡统治期间不仅加强了新加坡的经济建设，还不断地推动新加坡文化教育事业的发展。新加坡的教育水平在全球位居前列，这与莱佛士的努力有着密切的联系。有学者曾经说过，想知道莱佛士对新加坡的作用有多大，就看看新加坡的教育事业有多发达。如今新加坡已经是一个全新的发达国家，但是从中仍然能看到莱佛士时代的影子。莱佛士书院为新加坡最有影响力的学校，李光耀曾在这里读过书。如今，越来越多的人来此留学。除了历史悠久的莱佛士书院外，新加坡最大的私立医院也被命名为“莱佛士医院”。除了这些，新加坡的莱佛士坊等很多建筑物也是为了纪念他而建立的。新加坡人总是认为托马斯·斯坦福·莱佛士是他们的祖先，是莱佛士创造了新加坡，是莱佛士给了新加坡未来。

03
文学梦与平等观

众所周知，莱佛士是一位成功的政治家，兢兢业业，从来没有懈怠过自己的事业。

莱佛士他有很强的领导能力，有独特的见解，有实实在在的政治才能。可是很少人知道，这位治理国家的能人，其实在文学方面也是一位才子。莱佛士喜欢将自己的所见所闻用文字记录下来，在他治理爪哇时期就曾写过《爪哇史》，记录了他在爪哇的治理经历。对于爪哇人民来说，这是一部重要的史书，它记录了爪哇在那个时代的经济、政治情况，还对当地的民风习俗进行了介绍。莱佛士写了很多有关自己管理爪哇的书，也记录着自己的过往生活。莱佛士喜欢读书，就像所有文人志士一样，也有伟大的梦想。对于莱佛士来说，他从小到大始终坚持的一个梦想是当一名作家。莱佛士从小就喜欢看书，喜欢把自己沉浸在书的海洋里。莱佛士喜欢写作，每天必不可少的就是在日记本上记录下自己一天的生活，他喜欢将自己的一天写成一个完整的故事。后人在写莱佛士事迹时，基本都是从莱佛士的日记中找到的资料。翻开莱佛士的日记本，我们可以看到一个鲜活的人物形象展现在我们的面前。

莱佛士生活的那个时代，男尊女卑现象是一种常态。人们都有着传统的价值观念，不论是在政治、经济、文化、道德伦理观念中，还是在社会工作领域，男女不平等的现象处处可见。那时女性的地位低下，妇女的自尊受到了严重的损害。针对这种落后的观念，莱佛士发表和出版了很多有关维护女权方面的文章和书籍。在莱佛士看来，无论是男性还是女性，在社会中的地位是平等的，他们有权共同管理这个社会，在他的眼里，男人和女人没有区别。

除了对人权、对女性的尊重外，他还关注慈善事业。莱佛士贫民出身，小时候受尽了贫困的折磨，在别的同学享受家庭温暖时，莱佛士已经走上社会开始了自己的奋斗；在别的同学享受圣诞节欢乐气氛的洗礼时，莱佛士在商店里做着兼职。他要将圣诞夜顾客们选购的礼物一一送到买主家里。

无论多么辛苦，莱佛士都坚持下来，因为他始终相信只要自己足够勤奋，就一定可以有所收获。也许正是儿时的贫穷与奋斗成为莱佛士热衷慈善的动力。

04

爱情与事业

每个人都向往一份浪漫的爱情，莱佛士的第一任太太是比自己大十几岁的女子。或许是情窦初开，又或许是莱佛士对自己母亲的那份爱，这段感情莱佛士付出了真心，他始终相信真情可以感化身边的每个人。他总是将自己的家庭照顾得很好，即使后来在事业上有了新变化，他也始终坚持着自己的想法。在治理爪哇的时候他还是坚持每天给自己的妻子写情诗。他在信中写道："你在我眉间心上的痕迹，是我这辈子最难以忘怀的回忆，就像蒲公英会穿越大地，找到那个最美好的栖息，更多之于你，将你放在我眉间心上，不敢忘。"然而，他的第一任太太于1814年在爪哇病逝。莱佛士特别痛苦，他希望有个人可以像自己的母亲一样，陪伴他，给他温暖。可是世界就是这样离奇，在你最需要的时候，它却让你尝到失去的痛苦。

自己的爱人病逝后，莱佛士的工作也不太顺利。他在1815年被东印度公司革职，工作上失利，情感上受创，莱佛士经历了生命中的黯淡时期。为摆脱痛苦，他一头扎进图书馆。他自学了科学、文学，不停地创作，将自己在爪哇的几年经历写在书里。莱佛士似乎不满足这样的生活，安静不是他的天性，他就是那种天生的王者。在积淀了各种知识后莱佛士再上战场。凭借自己优良的素质、过人的天赋，雄厚的人脉基础，以及出色的口才，再次进入东印度公司。由于伙伴的信任支持，加上能力突出，莱佛士又成了公司的风云人物。

似乎上天又开始怜悯这位努力的人，在莱佛士事业兴隆的时候，他的第二次爱情也随之而来。

莱佛士的第二次婚姻来得有点突然。他的第二任太太爱丽丝，是他在一次宴会上认识的，初见之时莱佛士就被她那深邃的眼神所吸引。刚开始爱丽丝对莱佛士并没有感觉，直到宴会后也不知道莱佛士的存在。而莱佛士却对爱丽丝进行了“调查”——在他见到爱丽丝的第一个周末，就开始了自己的“侦探”活动，他开始关注爱丽丝的一举一动。在他进入爱丽丝的世界后，发现她是一个单亲家庭的女孩，父亲去世得很早，一直与母亲相依为命。爱丽丝在一家作坊工作，她每天会乘坐渡车到达终点站，下班后会到集市上购买食材，准备晚餐，餐后还会陪母亲在家旁边的公园里散步，休息日会到教堂进行祷告。于是莱佛士会在每天下班后默默地跟随爱丽丝踏上渡车，一路上陪她走在回家的路上，再静静地看着爱丽丝回家，之后自己又乘车回家。就这样坚持了1个月，爱丽丝也还是没有注意到莱佛士，只是在她的印象里，感觉有一个人像守护神一样，一直跟在她的背后，但是她始终没有发现这个人。莱佛士一直默默地守护在爱丽丝的身后，生怕她被别人抢走。在后来的某一天，上帝眷顾了这个痴情的男人——在上班的路上，爱丽丝回眸看了一眼，发现自己的身后站着一位“痴情的男人”，正深情地望着自己，爱丽丝被惊到了，她从来没有看到过这样的眼神。莱佛士好像忘记了自己的行为，他始终看着自己心爱的女孩，目不转睛。爱丽丝察觉到了莱佛士满满的爱意，红了脸庞。后来的莱佛士依然跟着爱丽丝，爱丽丝也习惯了莱佛士的“跟踪”。某一天，莱佛士走上前轻轻问：“我们在一起吧，我在意你很久了，好……好吗？”女孩红着脸，并没有回答什么，而是轻轻地牵住了莱佛士的手，就这样两人确立了关系。莱佛士会在自己闲暇的时候找爱丽丝一起散步，一起交流。爱丽丝虽然是工厂的一个小职员，但却是个很有想法的人，甚至对英国的政治有自己的见解。莱佛士找到的好像不是爱人，而是一位政治家，有时莱佛士甚至觉得自己都不如爱丽丝有想法。

莱佛士不是一个浪漫的人，他不会去想一个浪漫的男人该为自己心爱的人做点什么，他能做的就是在自己的生活中给爱丽丝帮助。无论是爱丽丝的家庭，还是爱丽丝的工作，莱佛士都是尽其所能帮助她。

这一天，像以往的每一天一样，莱佛士请爱丽丝到一家餐厅就餐。爱丽丝像往常一样漂亮，莱佛士忍不住多看了爱丽丝一眼，也就是这一眼，让爱丽丝深深地陷入莱佛士的爱情里无法自拔。莱佛士轻轻牵着爱丽丝的手，单膝跪地，请求爱丽丝嫁给自己。或许是现场气氛太微妙，或许是爱丽丝感受到了莱佛士的真诚，爱丽丝笑着对莱佛士说“我愿意”。现场气氛瞬间被点燃，人们都热烈地鼓掌，表达深深的祝福。爱丽丝和莱佛士深情地望着对方，仿佛世界就剩下了他们两个，他们拥抱在一起。莱佛士拉着爱丽丝跑出餐馆，他们在路上狂奔，在他们的世界里已经容不下别的人了……

第二天醒后，莱佛士看着自己身边的女人。那是自己的心上人，是将要和自己过一辈子的爱人，是自己终生的伴侣……此时他有爱人的陪伴，有自己的事业，很快又有了自己的孩子。

莱佛士在自己的空闲时间会陪家人在公园里散步，有的时候，还会陪家人去旅行，他总是将自己的家庭和事业照顾得非常好。

莱佛士是新加坡人民心中的英雄，他们始终相信是莱佛士创造了新加坡。事实上确实是莱佛士让新加坡的经济迅速发展，让新加坡的文化繁荣。因此，新加坡人民总是很怀念他们的英雄，他们纪念莱佛士，热爱莱佛士创造的新加坡。

如今，新加坡的经济已经走入正轨，创造了少有的辉煌成就。作为发达国家，新加坡无论是在经济上，还是在文化生活上，都有了新的面貌。无论是莱佛士广场，还是莱佛士酒店，又或者是莱佛士医院，这些都是对莱佛士为新加坡所做贡献的纪念，今天的新加坡和莱佛士紧紧地联系在一起。如今，中国和新加坡进行着广泛的合作，莱佛士也走进了中国。中国人也逐渐了解了莱佛士的经历，以及莱佛士对新加坡的贡献。

从乞丐到总统

——塞拉潘·纳丹

塞拉潘·纳丹

塞拉潘·纳丹（S. R. Nathan，1924—2016），出生于新加坡印度裔的一个商人家庭，曾就读于马来亚大学（今新加坡国立大学）。1955 年加入新加坡政府，1956 年被委任为海员福利官，劳工研究所助理所长、所长。1966 年 2 月调任新加坡外交部，任助理秘书、副秘书和内政部代理常任秘书。1971 年 8 月调任保安与情报司长，1979 年调回外交部，出任外交部第一常任秘书。1982 年任新加坡《海峡时报》执行主席。1988 年 4 月任新加坡驻马来西亚高级专员。1990 年任新加坡驻美国大使。1996 年任新加坡巡回大使，1999—2011 年连任两届新加坡总统。2016 年 7 月 31 日逝世，享年 92 岁。新加坡总理李显龙评价说："纳丹先生的一生启示着我们每个人。他演绎了一个少年，如何克服逆境取得成功，并为社会做出贡献。纳丹先生对新加坡的付出是伟大的，也是无人能及的。他坚强而又睿智，是一位为新加坡做出颇多贡献的伟人。"

01 清贫童年

1924 年 7 月 3 日，塞拉潘·纳丹出生在新加坡一个印度裔的商人家庭。因为兄弟很多，纳丹在出生以后并没有受到特别的重视，父母对孩子们的教育是平等的，不管你是哥哥还是弟弟。新加坡属于热带地区，像苹果这样来自北方的水果少之又少。在外做商贸的父亲，有次带回几个苹果，因为苹果少不够大家分，所以母亲只好用游戏的方式让他们来决定。做游戏时，纳丹显得不是那么积极，一直往后退。父母看在眼里，以为他长大以后即便不是懦夫，也会是一个软弱的人。令人吃惊的是在游戏的最后阶段，纳丹并没有像刚开始时表现得无所谓，而是一心一意、聚精会神地参与到游戏中。虽然不是表现最好的那一个，但他也拿到了苹果。

后来他在回忆录中写道：“也许只是一个小的游戏，但对于我而言，我不愿意成为那个具有攻击性的人，第几无所谓，只要结果是好的就行。”

新加坡是一个移民国家，汇集了各地区各民族的文化，使之成为一个文化的大熔炉。在这样一个城市里，作为印度裔的他并没有感受到歧视。身边的玩伴有华人，有马来人，还有英国人，他们都友善地生活在一起。当时有一个刚来的华人小伙伴叫轩轩，轩轩一家来自中国福建，在新加坡举目无亲。还是四五岁的纳丹在街上遇到轩轩，便主动迎了上去，对他说：“我可以带你一起玩儿。” 轩轩愣愣地看了小纳丹一会儿，径直跑回了家里。由于言语不通，让纳丹的第一次友好表示吃了闭门羹。从中国过来的轩轩一家人一直过着清苦的日子，经常会有接济不上的时候。虽然属于不同的族裔，但是纳丹一家还是很照顾这家人。特别是纳丹的父亲，在做贸易的时候常常会带回来别人给的一些稀罕的食物或者生活用品，他便让小纳丹和兄弟们给轩轩家送过去。久而久之，两家人便走到了一起，同龄的轩轩也成了纳丹幼时最好的玩伴。也正是父亲的乐善好施，对日后走上政坛的纳丹产生了深远的影响，这也是他热衷于公益事业的原因之一。

由于父亲的工作需要，在纳丹六七岁的时候举家搬到马来西亚。一个新的环境带给纳丹的不仅仅是新奇，更多的是对不同地区生活状态的体验。在马来西亚，马来人的种族歧视比较严重，作为印度裔的他在父母的庇护之下，没受多少影响。

1932 年，东南亚地区发生了经济危机，经济形势十分严峻，很多企业受到波及。纳丹父亲的生意破产了，欠下了高额债务，家里的生活由此也变得艰难。除了个人借款——那些要债的人每天络绎不绝，还有大量的银行贷款。银行的工作人员是个好人，每次来催款时不会表现得凶神恶煞，因为他知道，如此数额巨大的债务其实是难以偿还的，只能拖一天是一天，在他的心里还是很同情这家人。这个银行职员看着脸上没有任何表情的纳丹的父亲，心里也是无奈，只是让他没有想到的是，纳丹的父亲会以死来结束这一切。

那天早晨起来，银行职员照常听了经理的安排后到纳丹家催债。还没走近，便传来一阵恸哭声，有孩子的，有女人的。除了哭声，还有吵吵嚷嚷的讨债声。经济危机之下，即便是要债人也有自己的苦衷。走到纳丹家里，银行职员看到的是一个面色发黑的人躺在屋子中间的木板上，旁边围着他的妻儿老小，一个八九岁的小孩子站在最后面，表情凝重。银行职员猜不透他的心思，但他心里明白，在大悲大痛时能如此安然不动，将悲伤隐匿在心里的孩子，将来一定会成就一番大事业。

日子终究是要继续的，但是每天债权人追上门来，一家人的生活被打乱，更糟糕的是这些走投无路的债权人要挟要绑架他们，甚至扬言要把这些孩子卖掉。纳丹一家每天都过着提心吊胆的日子。过年那天，全家人都在为吃什么而发愁的时候，债主卡隆再次上门来了。这次他带着一群人，来了就开始搬家里的东西。纳丹的母亲跪在地上祈求卡隆和他带来的人不要把东西都拿走，要不然他们一家人都没办法活了。但是卡隆不为所动，毕竟在那样一个经济危机的年代里，人人都得自保。

卡隆走后，母亲抱着孩子们哭着，一向坚强的她也不知道该怎么办了。哥哥说：“母亲，要不我们回新加坡吧，起码在那边我们还有一些亲人。”

就这样，纳丹的母亲带着自己的孩子踏上了回新加坡的路。此时的新加坡经济也并不是很景气，很难找到工作，全家人借住在舅舅家，寄人篱下的日子并不好过。

舅舅看在自己妹妹和外甥们的份上对他们很照顾，但是舅妈和他们的表兄弟就不这样想了，毕竟家里一下子多了这么多张嘴，拖累的是本来就不怎么富裕的家庭。“白眼狼”这样的字眼常常挂在舅妈嘴上，一旦孩子们有什么过错，舅妈便开始拳脚相加。这些也就算了，旁人的冷眼和嘲讽才是影响纳丹最深的，身边的很多小伙伴都不愿意跟他玩儿，甚至往他身上吐口水，还很犀利地说他“有爹生，没爹养”，这些都深深刺痛了纳丹幼小的心灵。正是因为这些，纳丹从小养成了不爱说话的性格。但在以后的政治生涯中，他的每一句话都是那样深思熟虑，多次让这个国家化险为夷。

别人的白眼和冷嘲热讽都是不重要的，最令纳丹心痛的是被污蔑。在初中时，有同学用莫须有的罪名，说他偷盗课本，由此他还受到了批评和同学的唾弃，甚至在学校里没有人愿意和他为伴。他很不服气，与他们争辩，但最终没有人相信他，他被学校开除了。纳丹感到既愤怒又孤单，想到母亲对他的期望，他感到无颜回家，于是选择了离家出走。在出走的这段日子里，他吃了很多苦，常常忍饥挨饿，露宿街头。

纳丹曾出版过一本回忆录《万想不到的征程——新加坡前总统纳丹回忆录》。他在其中写道：“那时的情形我直至现在还记忆犹新，我在街上游荡至深夜，思考了很多，深深地感到穷人生活在这个社会的最底层，他们受到打压，权益无法得到保障，我感到很痛心。再看今日，我可以在舒适的家里休息，可以乘坐轿车行驶在灯火辉煌的街头，但当时流浪街头的记忆仍深深扎根在我的心里，永远不会忘记。”

正是这些艰辛的经历，让纳丹更加体恤民心。这一切都为他的成功做了铺垫。

纳丹就读于马来亚大学，也就是如今的新加坡国立大学，主修社会学。他的学习成绩很优秀，多次获得奖学金。大学期间他勤奋刻苦，最终以优异的成绩毕业。

02 漫长的政治生涯

大学毕业后，纳丹成了一名医院社工，也算是新加坡政府的一分子。在这里他开始了他的政治生涯，慢慢地步入了从政之路。

在医院做社工的这段时间里，他看到了民间的疾苦。一次，他在医院里遇上了一个特别可爱的小男孩。那个小男孩走到他身边，问他：“叔叔，你知道我究竟还能活多久么？”

面对着这样一个小男孩，他不知所措，说：“你这么可爱，是上帝送给我们每个人的礼物，一定会让更多的人开心的。”

后来他问旁边的医生，才知道这个孩子得了绝症，但是家里实在太穷，支付不起医药费，正准备放弃治疗。纳丹再次回到病房的时候看着这个男孩儿，想到自己艰辛的童年，这个坚强的男人流下了眼泪。他在想，我一定要为这个国家、这个社会带来一些变化，只有这样，他的童年才不会再被重复，这个小男孩的童年也不会再被重复。

在医院的多年社工工作让他真正接触到了各种各样的人，看遍了人间的喜怒哀乐，也让他了解了社会底层的诉求。因而，他说：“我会永远站在我的国家的角度，我会站在所有人民的角度去思考问题，因为我也是这个国家的一分子。”

纳丹一生担任过很多职务，如海员福利官、劳工研究所所长，也在外交部担任助理秘书、副秘书和内政部代常任秘书等。后来他的官职越升越高，因为李光耀慧眼识才，将他提升为保安与情报司长，后来调任驻美大使。

纳丹的政治生涯经历了很多风风雨雨、艰难险阻，这其中有许多引起轰动的事件。第一件事发生在纳丹担任保安与情报司长时期，当时新加坡发生了首起国际恐怖主义事件——

“拉裕事件”。过去新加坡一直给越南等国家供应石油，但一些反对分子想要对此加以阻止，有 4 名恐怖分子伪装成游客进入新加坡，他们随身携带 12 枚炸弹，手持冲锋枪潜入了毛广岛的一处炼油厂。他们将 3 枚手榴弹引爆，致使一处炼油罐被引燃发生爆炸。但所幸的是，因处理及时，并没有造成人员伤亡及很大的财产损失。因行动败露，4 名恐怖分子不得不赶快逃离，在他们逃跑的过程中，新加坡海警紧追其后。恐怖分子最后劫持了一艘名为“拉裕”号的渡船，船上共有 5 名船员。在驶向公海的途中，他们被海警包围。恐怖分子以挟持人质威胁新加坡政府，让新加坡政府保证他们安全离境，否则将炸毁渡船，同归于尽。考虑到人质的安危，新加坡政府与恐怖分子进行了数日的谈判，最终恐怖分子同意以“保证人”换取人质，并确保他们安全离境。对于谁来担当保证人一时很难定夺，这时，纳丹自告奋勇地扛起了这一重担。他说：“我是保安与情报司长，保护人质的安全是我的职责和使命，政府官员就是要有担当。”最终纳丹和其他 12 名官员一起作为“保证人”，安全地把人质换回，他们与恐怖分子一同乘坐飞机飞往科威特。在这起事件中，人质获得了安全，“保证人”也没有受到伤害。这起事件的圆满解决在国际上引起了极大关注。同时，纳丹也受到了新加坡人民的赞赏。

很多人都知道纳丹在其中发挥了很大的作用，但只知其然而不知其所以然。在接到这起事件发生的消息时，纳丹正在办公室里看文件，因为事情紧急，他赶忙放下手里的事情，走进上司的办公室，表示他可以解决这件事。上司对这个才刚上任保安与情报司长的年轻人并不是很放心，但是纳丹的一席话提醒了他："无论怎样，这件事总是要解决的，也总有人要做出牺牲的。我很感谢这么些年来新加坡为我带来的一切，我觉得自己已经很知足了，作为一名普通公务员，我觉得我有责任保护这个国家。作为一名公职人员，我的工资来源于纳税人，那么我就有义务去保护我的纳税人的安全不受侵犯。再者，我的工作就是保护我的国家和人民免受危险，这也是我的职责。"

听了纳丹的这番话，上司突然间明白了这个年轻人心里的一切，准许了他去完成这个交换人质的任务。

那天纳丹回到家后，并没有跟母亲以及家里的其他人说起这件事，而是很简单地告诉他们："我可能要出差一段时间，请家里放心。"

第二天，纳丹便与其他 12 人一起开始作为人质。在与恐怖分子打交道的那十几个小时里，他更像是一个哥哥，不仅照顾着随同自己上飞机的其他公务员，告诉他们："我们为了国家的安全和稳定，这样的做法是正确的，我们有理由相信国家会安全保护我们回去。即便我们没办法回去，也起码可以证明，是因为我们才保卫了国家的安全，历史会记住我们，人民会记住我们。”他还跟4个恐怖分子进行斡旋，此时的他既不是哥哥，也不是新加坡的公务员，而是朋友，他说：“我希望你们回到自己的国家以后能找一份稳定的工作，这样的日子，提心吊胆的不只是你们自己，也有你们的家人，想想自己的父母、自己的妻子、自己的孩子，有时候就会知道这样的日子究竟值得不值得。”纳丹的语气非常和蔼，他不知道有没有感化这4个人，但是他知道，他是从一个人的角度去看待这4个恐怖分子的，这也是纳丹的为人准则。无论是谁，他首先是一个人，我们得给他起码的尊重。如此胆识，怎能不令人钦佩！

而事情最后的解决让整个国际社会都为之振奋。纳丹永远都不会知道，在他去世以后，那年绑架他们的4个恐怖分子，其中一个人的孩子在脸书上写了一段话：

一个伟大的人走了，是他让我的父亲从悬崖边上回头，虽然此时我的父亲只是一个普通的劳动者，赚的钱不够多，也只是刚够养活家里，供我和妹妹这些年读书都有些吃力。但是，是他用一颗仁慈宽厚的心感化了我的父亲。他是上帝的孩子，他来到这个世界没有匆匆走一程，而是做出了巨大贡献。纳丹先生，请带上我，以及我父亲真挚的祝愿再去天堂。

除此之外，另一件轰动的事件便是麦克·皮特·费尔受鞭刑案。当时纳丹担任新加坡驻美国大使。费尔是一个美国移民新加坡的 18 岁男孩。他故意在停放路边的车身上涂鸦，并损坏车辆，甚至涉嫌偷窃。后来他被新加坡警局逮捕，受到法庭的审判。依据新加坡的法律，他被判处罚款 3500 新元，监禁 8 个月，并受鞭刑 12 下。这一处罚在美国国内引发了轰动，以美国的价值观来看，鞭刑是不合适的，因为他还属于青少年，最终美国政府出面介入了该事件。他们要求新加坡当局宽容处理，考虑美国的价值观及民众的情绪，否则他们会继续施压。后来新加坡当局同意将鞭刑降至 4 下，但其他监禁及罚款处罚不变。尽管如此，在鞭刑执行之后，美国国内的舆论还在大肆谴责新加坡的做法。在这起事件发生期间，纳丹是驻美大使，面临着巨大的舆论压力。他在美国接受了媒体采访，采访中他镇定自若地向大家说明新加坡的相关法律及条文，表明新加坡的立场。他有理有据的解释令人叹服，最终使舆论热度有所下降，缓解了美国民众对新加坡的反抗情绪。在这起事件中，纳丹的沉着冷静凸显了他的个人品质，也避免了新加坡和美国的关系进一步紧张。

03
两届总统，贡献卓越

纳丹竞选总统时已经 75 岁，他是一个并不服老的人，有着坚定的想法，只要是他想要做的事情，无论多么艰难，他都会努力去做。纳丹于 1999 年 8 月当选为新加坡第六任总统，直至 2011 年 9 月，历时 12 年，成为新加任职政时间最长的总统，为新加坡做出了颇多贡献。

正是因年少时经历了太多的艰难险阻，纳丹执政后，对公益事业十分重视，并且身体力行地投入其中。他发起“总统慈善挑战”活动，筹集资金给需要照顾的人提供援助。他还参加了许多其他慈善活动,例如支持白振华个人慈善画展，为贫苦学生筹集资金，帮助他们实现梦想。也正是纳丹的亲身投入，在他任内，慈善活动的举办陆续不断，为众多需要帮助的人带来了希望。

2005 年，纳丹在一次医院的例行检查中，忽然听到外面一阵恸哭的声音。他让医生把检查停下来，来到楼道里，看到了一个小女孩儿被她的母亲抱着，两个人在哭泣。看到这一幕，纳丹突然想起自己 8 岁时父亲服毒自杀后母亲抱着他们全家人哭泣的情景，也想起来很多年前那个问他还能活多久的小男孩。他知道，有些东西他还是没有改变太多。他走到那对母女面前，抚摸着孩子的脸。

孩子患有先天性心脏病，虽然全民健保可以分担很多，但是他们作为新加坡的一个普通家庭，做手术的钱还是很难筹齐。纳丹作为一个普通的公务员，其实工资也不是很高，但他还是留下了这家人的联系方式，最后解决了他们的治疗费用问题。

多年以后，这个小女孩已经是新加坡国立大学的优秀学生，但是她的总统却去世了。在哀悼仪式上，她默默地站在人群中流泪。没有人知道，如果没有纳丹先生，她可能已经不在这个世界上了。因为纳丹，她才有如今的生活。

正是因为童年成长过程中的困苦，在教育方面，纳丹倾注的心血也是最多的。南洋理工学院有一名马来族的男孩，在大三的时候需要出去参加一个航模专业的比赛，但是父母都只是普通的劳工，高额的差旅费使他对这次比赛望而却步。在他正要放弃的时候，纳丹给予了帮助。

纳丹那时候正好在南洋理工学院做一个资金筹备项目，在上厕所的时候听到旁边似乎有人在哭，纳丹没有直接叫那个人，而是默默地在外面等着。秘书找到这里，告诉他有关公务的事情，纳丹示意秘书不要说话。就这样，两个人站在厕所外面等了有半个多小时。旁边的秘书没有多问，陪着总统等在那里。

秘书在旁边一直看着总统，可是时间长了，心里也免不了担心。纳丹从年初开始就总是犯腿疼的毛病，长时间地站立对他来说真的是一件不能忍受的事。最后他们还是等到了那个从厕所出来的男孩。

问清楚情况以后，纳丹和旁边的秘书哈哈大笑起来，还以为真的出了什么事。

男孩认真地看着他俩：“我很珍惜这次机会，这次的航模比赛对我来说真的太重要了。”

看着男孩认真的样子,纳丹顿时被他的执着精神所折服，也想到了上大学时候的自己，曾经因为家庭经济困难而放弃了太多的机会。他很坚定地说：“我可以帮你。”

男孩开始怀疑：“眼前的这个人，他是这个国家的总统，怎么会关心我这样一个小孩呢？就算他今天承诺了，那他该怎么帮我呢？他不知道我是谁，他也不知道我家在哪儿，就算是我接受了他的帮助，可我将来该怎么报答他呢？”

显然，男孩儿眼神和表情的疑问都写在了脸上。纳丹拍拍他的肩膀说：“放心，你衣服上写着你的学号呢，我记住你了。”

纳丹没有食言，男孩回到家以后便收到了纳丹秘书给他送来的机票。他真的没法相信，一个总统可以这样细致地去帮助一个普通的学生。后来这个男孩看到了纳丹的自传，忽然明白了这一切，这是一位平民总统，他关怀他的子民。

对于新加坡的辉煌成就，纳丹表示："新加坡没有成功的秘诀，这一切都取决于政治领导人的务实和诚实，树立榜样并勇于追求。"事实上，作为两届总统，他已经做得足够了，这个社会将会记住他的付出，他的功绩。

纳丹示范了总统如何正确地发挥关键作用，成为监督角色。根据宪法，如果政府想利用历届政府积累的储备金，必须由当选总统批准。这可以避免国库被掏空，被官员肆意浪费。

纳丹 1999 年上任，关于政府使用储备金的制度制定于 1993 年，至其上任还不满 10 年。但纳丹担任总统 9 年后，与政府一起合作协商对宪法进行了修正，使政府依据长远的计划对储备金的使用做出规划和预算。当国家面临经济危机时，纳丹和政府的互动与合作更为关键。

在一次记者招待会上，李显龙总理曾这样评价纳丹总统："当 2008 年全球金融危机爆发时，您的领导力显得更加重要。政府定期向您和总统咨询委员会报告情况。我们分享政府的分析和政策建议，您对此很是重视，也提供了您的意见和建议。"

纳丹出版了自传《万想不到的征程——新加坡前总统纳丹回忆录》。在这本书中，他深情地回忆了他的过往和艰辛，描述了他如何努力成为新加坡总统。在几十年的政治生涯里，如何见证和参与新加坡的发展和崛起，现在新加坡成为"亚洲四小龙"之一，不再是殖民地，它获得了自由，取得了惊人的发展。

在纳丹 90 岁生日时，李显龙说："新加坡能有纳丹先生担任总统，是一个国家的幸运，他的优雅和举止端庄代表了这个国家，他还为这个国家做出了杰出的贡献。"

纳丹就是这样一个心有柔情、胸怀国家的人，他这一生为新加坡付出了很多，他有勇有谋，有仁有义，是新加坡人民的骄傲！

Chapter

从放牛娃到商业领袖

——李光前

李光前
的努力和拼搏
成就了他大咖的一生

李光前（1893—1967），原名李玉昆，出生于中国福建省泉州南安县一个农民家庭。10 岁赴新加坡谋生。经过磨炼与奋斗，成为新加坡一名闻名遐迩的大实业家、银行家、教育家、慈善家和社会活动家。作为东南亚首家华人跨国集团南益橡胶公司的创办人，他被誉为“橡胶和黄梨大王”，是全球十大华人富商之一。作为世界性的著名慈善机构“李氏基金会”的创立者，他先后被马来西亚吉兰丹州及柔佛州的苏丹封为拿督，马来西亚最高元首赐封“丹斯里”（PMN）勋衔。

01

贫穷所迫下南洋

1893 年的一天，从福建省南安县梅山镇芙蓉村的一个小屋里，传出了一声婴儿的哭声。安静的小村落，由于孩子的出生变得热闹起来。焦急等待中的父亲终于松了一口气，接着兴奋地把母子平安的喜讯告诉了邻里乡亲。李光前载着家人的期待，出生了。

村里的生活清苦而平静。小时候，李光前的家境贫寒，只能满足简单的吃穿。所穿的衣服上满是补丁，都是上一辈人穿剩下的。全家人常年吃的也只有简单的稀粥和自家地里的菜，那个时候，如果能吃上一口油花儿已是十分奢侈，更不用说是肉了。小光前也会像其他孩子一样喜欢玩耍，偶尔也调皮，有时犯了错，还会在父母的怀抱里撒娇。因为父母的影响，他经常会帮家里做一些力所能及的事情。他做事喜欢动脑。有一次，他跑到村里捡小木棍，家里人开始以为他只是跑出去玩耍，一会就会回来，可是直到吃晚饭的时候也没有看到他的身影。母亲着急了，正要出去找他的时候，看到李光前一副若有所思的样子，慢悠悠地在路上走着。母亲上前一下就抱住了儿子，又是担心地骂他又是激动地亲着儿子，并问他去哪了。原来李光前在捡木棍的时候，经过私塾，听到老师正带着孩子们读书念字，他就坐在私塾的墙外面，听老先生讲课，直到太阳落山。从这以后，只要他一有时间，就会去听老先生讲课，即使有时候听不清里面讲什么，他也乐意坐在外面，用小木棍在地上写着刚认识的字，摆着喜欢的图案。时间一点一滴地过去，李光前就在这样清贫的家庭里汲取着“自强”的营养，慢慢成长。

到了上学的年纪，李光前的家庭状况没有好转，仍然十分贫寒。但是，孩子热爱学习的心思让他的父亲、母亲都明白，即使家里再困难，也要让孩子读书。家里把能省的都省了下来，节衣缩食，为了给儿子攒出上学的费用。日子再苦，父母也没有放弃让孩子读书的念头。

早晨，小光前早早起来，站在院子里面读着前一天私塾老师教的字和文章。口渴了就拿起碗，喝一口母亲熬的粥，然后继续念书。到了该去上学的时间了，他就徒步走到私塾老先生的家里，听着老先生口音有些单调却让他满足的授课内容。

李光前的父亲在厦门做着小生意。父亲的生意并没有想象中那么好，勉强支撑着全家人的生活。李光前知道家里不容易，懂事的他，每天放学后，就找一些给别人放牛的活计，赚点零钱，补贴家用。

芙蓉村的生活，磨砺着一个在平凡家庭中出生的少年。自强坚韧的性格，为他后来谋生打下了基础。

10 年的时光，不长也不短。李光前毅然离开家乡，到新加坡谋生。不知道是什么样的勇气，促使他登上了一条前往新加坡的船，背井离乡。开船后不久，天气突然发生了变化，气温急剧下降。这条船上大多是去南洋谋生的福建人。他们虽然来自不同的村落，但是同样贫穷。他们大都衣衫单薄，没想到却在行程中遇到了天气巨变，船上的人冻得直打哆嗦。

在这条船上，还有一个人，穿着厚实的衣服并且身份不俗，他就是著名的爱国华侨陈嘉庚。他看到衣衫褴褛的同胞们，感到十分难过。随后，立刻吩咐仓库保管员，说：“我姓陈，你通知乘客，给每人发一条毯子，这些费用由我个人承担。"船上的乘客们听到这个消息后，十分感动。因为天气太过寒冷，很多人都接受了陈嘉庚的好意，并向管理员报上了陈先生的姓氏，领到了防寒毯。等到管理员发完毯子，回到自己的位置不久，陈嘉庚到每个船舱查看。正当他准备离开所在的船舱时，突然瞥见仍然有一个身材瘦小的小孩蜷缩在角落里。他走近去查看情况，才发现这个穿着单薄衣服的小男孩只有 10 岁左右。陈嘉庚蹲下身子，关切地询问少年为什么没有领到毛毯。少年看着他，哆嗦着说："船上通知姓陈的可以领毛毯，我姓李，所以不能冒领。"他把陈先生给大家发的防寒毯，误以为只有陈姓的乘客才能去领取毯子。听到这里，陈嘉庚被这位诚实又有些倔强的少年震撼了，他眼里充满了赞赏的目光。

不久之后，来到新加坡的李光前，申请进入了当地英印学堂读书。无论到了哪里，他都没有放弃学业，而是在艰难的环境下坚持学习。他的脑海中，一直都记得父亲的教导。不能因为到达新加坡而忘了根，也不能因为接受着英文教育，就丢掉了母语的魂。他一边学习英文，一边仍旧坚持去养正学堂学习中文。到了 1909 年，李光前由于刻苦学习取得了优异的成绩。这一年，他得到了当地中华总商会主席吴寿珍的资助，使得他回到了魂牵梦绕的祖国，继续在暨南学堂学习。两年后，他考入北京清华学堂（预科），之后转到唐山工业专门学校（即唐山交通大学，也就是现在的西南交通大学前身）。

李光前通过自己的努力，在学业上取得了很大的成绩，同时精通中文和英文。偶然的机会，朋友把他介绍到爱国华侨庄希泉创办的中华国货公司。在中华国货公司，他担任英文文书以及承担涉外工作。从此以后，便开启了他的商界之旅。

02 在商界、金融界迅速崛起

1916 年的一天，李光前在工作闲暇之余，见到了那个在船舱中慷慨相助的华侨——陈嘉庚。陈嘉庚见到那个曾经瘦小的少年，如今已年轻有为，内心十分欣赏。在闲谈中，陈嘉庚了解到，李光前对中英双语的掌握十分了得，在欣赏的同时，更产生了另外的想法。陈嘉庚当时已经有了自己的公司，但是他的公司正处于发展阶段。公司队伍中，正缺少像李光前这样的人才。于是，他希望李光前到自己的橡胶公司工作。独具慧眼的陈嘉庚看出了李光前的潜力和才华，而拥有远大抱负的李光前也看准了自己前进的方向，毅然决然地加入了陈嘉庚的公司，开启了人生的又一次探险之旅。这一次“跳槽”成为他商业生涯中的一个重要的转折点。处于上升阶段的公司，成了李光前展现才能的重要平台，而李光前更是抓住了这样的机会。不久后，李光前便在公司里小有名气，得到了陈嘉庚的器重，更幸运的是，他和陈嘉庚的长女结为了夫妻。

1927 年，李光前开创了个人的事业。他看准了一个商业契机，筹钱买下了没有人愿意接手的橡胶园。在他的努力经营下，短短一年内，橡胶园所创造的利润就令所有人惊叹。这一次的投资，使他净赚了约 30 万元。南益橡胶公司是他人生中第一个自己创办的企业，从此开始了他的企业家之路的艰难跋涉。毋庸置疑，他的胆识和眼光让看到他成功的人都钦佩不已。即便在全球经济大萧条时，李光前依然凭借自身的努力，渡过了难关。不久后，他已经是当地家喻户晓的“橡胶大王”了。

他一面不断扩大经营渠道，发展对外贸易；一面又不失时机地开展多种经营，除经营橡胶种植、制造，运送胶片和胶液外，还进行黄梨的种植与加工。在席卷全球的经济危机中，李光前独特的经营理念让他独善其身，安然度过。在这之后，李光前精益求精，创立凤梨罐头厂，其产品热销全球。

菠萝又名“黄梨”，李光前因此得到了“黄梨大王”的美誉。

商业与金融业紧密相连。李光前在商界进行打拼的同时，还涉足了金融业。投资银行业是他人生又一个重要的转折点。在20世纪20年代，李光前还在谦益公司时，便已经在关注金融业，并开始投资。陈嘉庚为了培养李光前，便把当时拥有的华商银行的100股股票售给了李光前。他用4个月的时间，成为华商银行的董事。1926年，李光前进一步购买了100股股票。两年后，卖出了一半，又从陈嘉庚手中买进了175股。这时的李光前坐拥华商银行的275股股票，成了名副其实的银行家。

1929年，爆发了世界经济危机。为了应对此次金融危机，李光前与其他企业家共同商讨对策，作出了合并华商银行、华侨银行以及汇丰银行的决定。这时的华侨银行是新加坡4家华资银行中最大的一家，李光前任该银行董事会副主席，后又接任主席。

03 热衷慈善教育事业

李光前一生热衷于慈善教育事业，算起来，他一共捐建了 100 多所学校。其中有 11 所选址在他的家乡中国福建省南安县的梅山镇，可见他是一个对家乡、对祖国的感恩。

在 308 省道梅山镇芙蓉村路段，矗立着一座宏伟的牌坊，十分吸引眼球，这就是梅山镇的地标建筑。牌坊正中间写着"光前学村"四个大字，每次提起这个地方，梅山人都会感到骄傲。李光前建立光前学村花了不少钱财和心血。

为家乡人民的教育事业做贡献一直是李光前的心愿，他在很早之前就已经在为自己这个心愿忙碌奔波。1926 年，李光前就陆续从新加坡将自己的积蓄寄回故乡，希望家乡的孩子们能够学到世界上先进的知识。李光前在家乡梅山兴办的第一所学校就是国专中心小学。小学的基础设施很完善，下课铃声一响，在塑胶大操场上，就可以看到孩子们欢乐地玩耍。校园里处处是美景，教学楼的设计简洁大方，楼前的小花圃里盛开着各色美丽的花朵。

后来李光前还出资建造了图书馆和美术馆，让每个人在书香中陶冶性情，在艺术熏陶中提高审美能力。这些建筑比邻而设，最终被统一命名为"国专学村"，后更名为"光前学村"。这里现代化气息浓郁。学村里有国光高级中学、国光初级中学、福建省南安工业学校、国专中心小学和国专幼儿园等。现在的光前学村规模巨大，可以容纳师生近 1 万人，同时它也成为一个热门文化旅游景点。

1965年，时隔半个世纪，李光前回到了令他魂牵梦绕的家乡。在祭拜过父亲后，李光前随着乡亲回到自己的祖厝，走进旧居的一刹那，童年的艰苦时光历历在目。勤俭节约，一直是他的座右铭，他不光要求自己，也告诫子孙，骄奢淫逸不可为。当时他已病痛缠身，但他仍坚持要去视察国专小学、国光中学、国专医院。他告诉学校的员工，教师才是民族强大的根基所在。

李光前及他的后人对梅山的教育事业贡献极大，据统计，李光前为芙蓉基金会的捐助款项高达1.7亿元，这些钱建立了上百所学校。其中，在李光前的家乡南安有13所，当地人普遍就读于这些学校。

李光前童年时，深感家乡地处偏僻，医疗发展滞后。在当地，村民若患病，只得前往数十公里外的省城求医。所以，李光前从小就立志要为该地的医疗卫生事业做出自己的贡献。他出资建立了一所公办华侨医院——泉州市光前医院。起初，泉州市光前医院建在杨梅山脚、芙蓉溪边，以国光中学的医务室为依托，地方狭小，条件简陋。1951年，经过改建修整，医务人员扩充至17人，后又经1999年的迁址，医院再一次得到扩充修缮。2018年，经过67年的发展建设，该医院目前拥有500多位员工，拥有先进的医疗设施、井然有序的医疗体系。

1967 年，李光前在新加坡因病去世。人们永远记得李光前为家乡所做的贡献。2003 年，家乡在光前故居门口建了植物园和光前广场。每个学年，光前学村里的学校都会组织入学新生前来参观；每年清明节，芙蓉四村、光前学村师生代表都会来李光前的铜像前祭拜。

Chapter 06

南洋著名报人和作家

——连士升

連士升

连士升（1907—1973），别号子云， 新加坡著名报人和作家。出生于福建省福安县一个乡绅郎中家庭。1922 年入霞浦县作元汉英学校。1927 年入燕京大学经济系，1931 年毕业于燕京大学，获经济学学士学位，后在广东岭南大学任教。 抗日战争初期迁往香港，任报章专栏作家。太平洋战争爆发后，辗转于海防、河内，后隐居越南西贡避难，述译经济史 。1947 年第二次世界大战结束后，举家离开越南西贡，迁至新加坡定居。历任新加坡《南洋商报》主笔、总编，曾任新加坡南洋学会理事、副主席。他笔耕不辍，著有 《塞纳河两岸》《尼赫鲁传》《泰戈尔传》《海滨寄简》《连士升文集》等作品，影响广泛。

01

不向命运低头

1907 年 5 月 24 日，连士升出生于福建省福安县。福安是距离福州不远的一个贫困县，经济落后，民风淳朴。连士升家在当地是为数不多的书香门第，父亲是一位郎中，学识渊博，言语间透着夫子的儒雅与英气，自然希望自己的孩子以后也能成为大器之才，便给他取名士升，别号子云，希望他有士大夫的温文尔雅，有积极向上的理想追求。

父亲有文人的情怀，从小就教士升识字念诗。连士升少小聪颖，有过目不忘的天赋，很受父亲喜爱。连士升 6 岁的时候，父亲被聘请到穆阳小学教书，便把他带在了身边，接受更好的教育。这是他人生中的第一个转折，而穆阳小学就成了他的启蒙学校，父亲则是他人生的启蒙老师。

连士升 7 岁的时候，父亲去世。于是他被母亲接回福安，给他找了一间私塾学校。这是他人生的第二个转折，人生中再也无法享受父亲的护佑，只剩下他和母亲相依为命。

然而就在他沉浸在小学毕业的欣喜中时，他的母亲也去世了。他的人生再一次面临关于未来的抉择。在那种贫困又孤苦无依的情况下，他想继续求学，希望在学业有成之后，做个对国家有益的人。可是要继续求学，福安当时没有初中，因此必须要到离家很远的霞浦上学。然而，父母亲去世后，家中其他长辈自然是不如父母那样对他尽心尽力。而他的这个决定需要一大笔钱，他只是个孩子，还不具备劳作的能力。他心里清楚，这是自己人生的又一个门槛。他必须用诚心去换取亲朋好友的帮助，帮他迈过这个槛，如果过不去，自己也许一辈子就窝在这个小地方，犹如井底之蛙，看不到外面的世界，也不能像一只雄鹰，自由地翱翔在广阔的天空。他的人生，必须自己争取和把握，不能向命运低头，不管结局如何，必须一搏。做学徒、做个夫子、下南洋，这些世俗的谋生之路，连士升从心底排斥，他想要做一番大事业。

他记得那天阳光明媚，内心因为怀着莫大的希冀，天也变得格外晴朗。于是，他一家一家地找亲朋好友，直截了当地说明来意。他去的第一家是大伯家。大伯自小喜爱他，也很支持他的想法。能得到亲人的支持与理解，连士升非常高兴。由于大伯的支持和号召，其他的亲人也纷纷伸出了援助之手。况且连士升平常爱结交一些志同道合的朋友，这时也有人愿意慷慨解囊，拿出家里仅有的一点积蓄来资助他的学业。在那个物资匮乏的年代，能筹集到一笔学费非常不易。每个人的资助，并不是很多，但他们的美好情谊，就像一道阳光，让他感到从未有过的温暖和善意。父亲以前就时常教导他："投之以桃，报之以李。"亲朋好友的友善，让连士升对生活充满了感恩，他告诉自己：无论走到哪里，都要做一个善良的人。

1922年，连士升终于能到霞浦县作元汉英学校念中学了。这所学校的初中是三年制，亲友们的资助自然是远远不够的。他也知道，自己不能做一个寄生虫，既然要做大事，就必须自力更生，尽量少拖累别人。有了这个想法，他就找到学校老师，请求他们让自己去图书馆或食堂做兼职。于是，连士升开始半工半读的学习模式。老师们对这个学习刻苦的孩子印象十分深刻，既同情于他的不幸身世，又钦佩于他的勇气和担当。中学的学习自是十分辛苦，而打零工也几乎占据了他的业余时间。他知道，打零工只是为了能够支付自己的学费，学业不能耽误。所以，他比以前更加刻苦地读书，也能领会当初父亲跟他讲的“凿壁偷光”“悬梁刺股”的故事中的意思了。

功夫不负有心人。1926 年他从霞浦考到了福州英华斋。英华斋学校很美丽，前面有一条小河。进入校门，可以看到一栋四层楼的青瓦校舍。一边的山坡大石头上，亮晃晃地写着英华斋的校训“尔乃世之光”五个大字。校舍的后山上是漂亮的图书馆和庄严的教堂。连士升没课的时候，就在图书馆待上一整天，饿了就喝水或者啃点硬馒头。当时中国的新文化运动已经到了后期，各新式学校响应着“民主、科学”的口号，顺应着时代的潮流，展现出一派新气象。在这所学校，他学习了许多的现代科学知识,进一步感受到了科学的魅力，同时也夯实了英文基础，使他后来能游刃有余地翻译一些英文著作。掌握了科学知识，他就能更清楚地认识这个世界，用科学去指导生活；而学好英语，更能帮助他走向世界，与世界融为一体。这样，也就能更加接近他自己的梦想。

面对着新事物，连士升并没有惶恐，而是积极地去学习、吸收它。他从小领悟能力就很强，加上平时勤奋刻苦，成了同学中的佼佼者。1927 年，他以优异的成绩从英华斋学校毕业，且经老师一致同意，被保送到北京燕京大学继续深造。

连士升到北京燕京大学读书，是他人生最大的转折点。他初到北京的时候，曾把福州和北京做了对比，发现它们给自己的印象完全不同。去福州感觉是进了异乡，做了异客，没有归属感；而到了北京则好像回到了故乡，见到了家乡的亲人。他刚考入燕京大学时，起初学习理化，后来觉得自己在这上面实在没有太多的兴趣，便在次年转入了经济系。

1931 年，他从经济学系毕业，思考再三，决定留校继续深造。这时，他遇见了人生中的第一个贵人——国学大师顾颉刚。他推荐连士升进入国立北平图书馆，钻研学问和写作。在这样的环境里，连士升的进步十分明显，在他的刻苦努力下，他获得了经济学硕士学位。他积极地投稿《食货》半月刊，其中多为翻译文章，包括：桑巴德的《经济理论与经济史》，西莫勒尔的《从村落到都市的发达过程》和《由城市经济到领域经济的发达》等。

24 岁的连士升在攻读经济学硕士学位时，被在燕京兼课的陶希圣器重。连士升和陶希圣的友情经历了时代的风雨，岁月的洗涤。在那些阳光灿烂的日子里，友谊来得如此仓促，以至于每每怀念时，连士升都怀着幸运之情。幸运的是，他能在那个战火纷飞的年代，遇到一个和自己志趣相投的人。

这个人在学业和人生的道路上指引过自己。

友情的开始，也许就是缘于两人互相欣赏。陶希圣经常在《食货》上借着“编辑的话”这个平台，去赞扬连士升，说他有笃实的学识、过人的才华，以及治学者科学严谨的态度。这样的评价，无疑增添了连士升对自身写作的认同感和自豪感，同时激励他能够再接再厉地写作。这为两个人关系的升华起到了很大的促进作用。

而连士升对于陶希圣的欣赏，就要从陶希圣的个人魅力谈起了。陶希圣是五四运动时期的现代主义者，他接受过西方先进的文化，同时保留着自己强烈的民族主义思想；他热爱祖国，痛恨时政弊病；他对社会的不公现象深恶痛绝，力图用一支笔去维护正义。

北伐战争之后，学生们最关心的是革命后的反思以及中国社会未来的发展趋势和方向的问题。陶先生上课时洞彻时代潮流，运用辩证法和唯物史观来分析中国社会存在的痼疾。他讲课声音不大，却极具穿透力，分析事实的时候，有理有据，生动而有层次，逻辑感十足。因此，学生们都喜欢这个老师，也喜欢听他的课。在那个时候，教室总是被挤得满满的，能有一个座位听上他的一节课，学生们都感觉特别荣幸。连士升就是在这个时候认识陶希圣的。这是他生命中的第二个贵人，陶希圣就像自己人生旅途中的一盏明灯，为他指明方向。

于是他经常去陶希圣的家里，师母见他来了，就给他们准备茶水吃食，让他们能够愉悦地交谈西方社会历史的问题。

在《食货》期刊工作时，连士升结识了很多人。他和其他几位陶希圣的学生不一样。他们会开玩笑，会闹腾，有时候会和陶希圣的孩子们在一起玩游戏，那种热闹的氛围，连士升一般都不参与。连士升自从父母去世后，就不苟言笑，也不爱热闹，一心求学。

1935 年，连士升的爱情到来了，他与郑侃嬨结为夫妻，两人相敬如宾。不久他们生下了女儿，唤为侨思。侨思，是为了纪念春秋战国时期的杰出政治家、郑国宰相子产。子产名侨，因系贵族，故被尊称为公孙侨。侨思侨思，思念子产。在孩子身上，寄托了父母在政治上的抱负。

02

四处漂泊寻安生

20 岁到 30 岁这 10 年，是人生最美好的年华。连士升浸润京城 10 年的文化与乡土养分，不自觉地成为一名“十足的”北京人。然而“七七事变”的发生打乱了他所有的计划，他的逃难生涯也由此开始。这期间，每一步都可能通向不同的地方，每一个决定都可以有不同的结果。可是在他人生中最宝贵的 30 岁到 40 岁时，他却拖家带口，整天在逃难中苟且偷生。

1937 年“卢沟桥事变”爆发，陶希圣的休假计划泡汤，而且阴差阳错地陷入了一场政治旋涡。连士升感觉事态不妙，赶紧带着妻子郑侃嬨和 2 岁的女儿侨思，辗转逃出了北平，经天津搭船去了香港。

1937 年 10 月，他经著名文学家许地山介绍进入《港报》工作。不到 3 个月，报馆因为负债累累而倒闭。为了缩小开支，他只好把妻女送到澳门亲戚家暂住。没有了妻女在旁边，他就继续翻译《工业史》下半部，于 1938 年由商务印书馆出版。1938 年 5 月，他的经济状况稍微有点好转，于是就把妻女接回香港。可是在这场逃难中，妻子由于身体虚弱，没有得到及时治疗，平时又为连士升担惊受怕，患上了心脏病，后来经医治无效，不幸于 8 月 3 日去世。

1940 年 6 月，连士升和罗梅举行婚礼，他尊敬的老师陶希圣担任男方主婚人，罗牧为女方主婚人，证婚人则是许地山。这场婚礼，似乎将过去的一切阴霾都驱散了。

罗梅是连士升的燕京同学罗牧的胞妹，长得亭亭玉立。因为罗牧的原因，连士升经常能见到罗梅。在他的印象中，罗梅是个落落大方、知书达理、说话很动听的女孩子。连士升经常带着罗梅去喝咖啡，和她畅快地谈人生，而她却暗地里紧张得要命，怕同学们看到笑话她。罗梅很年轻，眉宇间带着少女的羞涩，和连士升说话的时候，带着一丝怯意，一副小女人的姿态。

自从妻子郑侃嬨病逝之后，连士升独自带着女儿侨思。工作繁忙的连士升，很少有时间去照顾这个小女儿。因为自小失去父母，所以他渴望有一个完整的家，也希望女儿侨思能有个好母亲，可以享受到母爱。而罗梅是一个很适合的女性，她对连士升和他的女儿都是极好的。几乎每次来连士升家，罗梅都会带很多零食，或者做一顿丰盛的饭菜。因为连士升特别忙，所以罗梅会常去幼儿园接侨思回家。很多时候，女儿侨思问父亲，能不能让罗梅阿姨做她的妈妈。

连士升本来内心是带着歉疚的，因为害怕罗梅不能把侨思当作亲生女儿来看待。而且连士升又是一个传统的知识分子，再婚对于他来讲有点压力。无法抑制的爱和传统观念的矛盾，让连士升一直处于矛盾和困扰的心绪中。他想起元稹的《遣悲怀》中的诗句："衣裳已施行看尽，针线犹存未忍开""诚知此恨人人有，贫贱夫妻百事哀"……他想到妻子郑侃嬨生前跟着他四处逃难，她未出阁之前，是个十指不沾阳春水的富贵人家的小姐，而嫁给自己之后，一直四处奔波，没有给她婚礼上答应的温暖和幸福，反而让她尝尽生活的艰辛和悲苦，最后还命丧黄泉。妻子对他无微不至的关怀，对家庭的任劳任怨，和他相濡以沫，那些温馨的画面在他的脑海中萦绕不去。

可是人总得往前看，罗梅亦知道亡妻在连士升心中的地位。连士升也知道自己对这个女子动了心，午夜梦回的时候，她的笑脸似乎还在脑海。终于有一天，微风徐徐，他捧着一大束玫瑰，走到罗梅的学校门口。罗梅是越南华侨，她是随着兄长罗牧一起到香港岭英中学求学的。面对深情的男人和火红的玫瑰，罗梅没有拒绝。两人结为了夫妻。

1941 年，连士升担任香港大学校外考试委员。这年，他们的男孩亮思出生。同年 12 月 7 日，日本偷袭珍珠港，美国的军事基地损失惨重，太平洋战争爆发。日本军队于同一时间大举进攻关岛、马尼拉、香港，以及东南亚地区马来亚、新加坡、荷属东印度群岛等地。12 月 8 日上午，日本 30 多架轰炸机飞临九龙上空，向启德机场投弹，九龙城里燃起大火，黑烟滚滚。11 日，九龙盗匪四起，一夜之间成了小说里的世界末日。土匪们借机烧杀抢掠，无恶不作，没有了警察的监管，盗匪更加猖獗，为所欲为。考虑到家人的安全，连士升不敢住下去，于是当日即携家眷乘难民船逃难。

连士升一家后来住在港岛，不久英国投降，日本把香港搞得一片狼藉。他又设法办好去越南的临时通行证，决定离开这个不安全的地方。他们到达广州湾的旅社，也就是一进门就能闻到鸦片味的亚洲饭店。这家旅店里面鱼龙混杂，赌博、喝酒、抽大烟、狎妓的人把这里搞得乌烟瘴气。广州湾是个腐败的法国官员和华人走私团伙组成的黑社会世界。连士升的太太罗梅怀着孩子，还带着7岁的女儿以及不足周岁的儿子，随时都有危险。实在不得已，在这里流落了两周，终于搭上了日夜盼望的“多宝”号货轮，几经辗转，他们最后到达湄公河三角洲的越南茶荣省，开始了长达4年的隐居生活。

在茶荣，连士升经朋友介绍，当上了一所华侨小学——福建学校的校长，暂时得以安定下来。在简单拮据的生活环境下，他并没有闲下来，便利用课余时间翻译《现代法德经济史》，接着又翻译了《近代英国经济史》，不过《近代英国经济史》只翻译了大半。在越南的另一大收获，便是二女儿仁思、三女儿藩思，以及四女儿文思的出世。

在孩子们小的时候，刚刚学会认字，连士升就让他们背唐诗。王维的“君从故乡来，应知故乡事”，李白的“举头望明月，低头思故乡”，以及贺知章的“少小离家老大回，乡音无改鬓毛衰”，这些思乡诗的名句，他让孩子们背得滚瓜烂熟。也许他觉得这样，故乡就能离自己更近几分。

故乡逐渐成了连士升内心的眷念，在《回首四十年》一书的第一篇文章中，他情不自禁地谈到“可爱的故乡”。他写道，故乡自有故乡的好处，他爱它，想它，记忆中的故乡永远那么亲切，就好像在永远纪念已故的母亲一样。遗憾的是，故乡明明近在咫尺，却无法企及。也许故乡的明月会更加明亮，而作为异客的他，却无法好好地欣赏，这是他最心痛的事了。

1945 年战事结束，连士升第一时间的决定就是回归祖国。年底，他只身从柬埔寨前往越南西贡，又经柬埔寨的马德望、金边到泰国曼谷，然后乘军用飞机到菲律宾马尼拉，于 1946 年 2 月抵达上海，逗留两天后搭机前往重庆。他回忆道，2 月 12 日下午 6 时，他安全地抵达重庆，投宿于胜利大厦，第二天便搬到上清寺的陶希圣家借住，白天外出访友，晚上灯下写作。

两个月后，连士升离开重庆去南京，在那儿当了半年公务员。由于严重通货膨胀，入不敷出，家眷尚滞留于国外，又看到那些养尊处优的大员们过着豪奢的生活，而一般公务员贫无立锥之地，他感到非常不公平，于是决心离开。他说，在当时的环境中，他知道自己如果在南京住下去，不但债台高筑，陷于无法自拔的地步，而且根本无法把家眷接回国。

1947 年 1 月，连士升到了新加坡。1948 年 9 月，他为新加坡《南洋商报》赴巴黎报道联合国大会第三届会议，顺便在欧洲各国参访。1949 年，他举家定居新加坡，自己受聘为《南洋商报》主笔、编辑，他出的第一本书是《祖国纪行》，1948 年由《南洋商报》印行。1950 年《南洋商报》一口气为他出版了 4 本欧洲之行的采访录《塞纳河两岸》《地中海之滨》《大西洋一角》《印度洋舟中》。1951—1963 年，他共有 6 本散文集面世，都是文情并茂、挥洒自如的作品，后来又陆续推出 8 本信札集，以《海滨寄简》为总名，风行一时，影响深远。

1957 年以后，连士升在新加坡和马来群岛积极推动文化事业，影响力与日俱增。他曾任南洋学会理事、南洋学会副主席、中国学会副会长、南洋大学及新加坡大学董事、新加坡写作人协会发起人兼顾问、新加坡政府公共委员会委员等，培养了不少作家、新闻工作者，潜移默化地影响了新马许多青少年。1963 年连士升荣获新加坡元首颁赠的公共服务纪念勋章，以表扬他在这方面的贡献。1965 年他见证了新加坡独立建国的过程，蛰伏两年，出版《甘地传》《尼赫鲁传》《泰戈尔传》《海滨寄简》。1969 年出任《南洋商报》总编辑，撰写了许多有精辟见解的社论文章。

在那个时代，他就靠着一支钢笔，写稿赚取稿费，凭借着坚强的意志，养活了一家人。这期间，他想念故乡，想念亲人，不管自己多穷，都要定期救济远在家乡的亲戚。在那个饥荒又物资匮乏的年代，他始终给亲人雪中送炭，送去温暖。

1973 年，他刚退休不久，就迫不及待地到中国旅游，探望在北京多年不见的大姐，两人见面，都已经是白发苍苍的老人了。他们还计划到家乡福州去探亲。可是当时交通不便，去福州自然得花费大量的时间和金钱。回乡的梦想难以实现，所以他在北京逗留了不长的时间，便带着遗憾，回到了新加坡。两周后就因病入院，他知道自己时日不多，便嘱咐他的孩子们，希望有一天能够回乡祭祖。孩子们含泪答应了父亲，连士升在不久之后就离开了人世。

连士升深深地恋着故乡，但他生不逢时，在那个战火纷飞的年代，志向与命运的交错，让他一步一步远离生养他的家乡。他一生的命运，犹如在迷宫里行走，到处都是分叉口，道路很多，正确的路却只有一条。在那个战乱的时代，要想在人生的迷宫中走出自己的一条路来，谈何容易！每一个交叉口所做的决定，都得三思而行，这可能会影响他的一生，甚至对他的孩子们的人生也产生重大影响。因此，他总是慎之又慎，最终离故乡越来越远。

2016 年，连士升的孩子们，到福安连氏先祠祭祖，并到中国福建的福安、穆阳、霞浦、福州等地寻找连士升在青少年时期所走过的路。他没有完成的心愿，后人替他完成了。

03

“南洋鲁迅”

历史就像一辆滚滚向前的火车，载着人们的希望和憧憬，奔向各自不同的未来。人们在不同的站点上上下下，寻找着属于自己的舞台和乐土。在民国时期那个动乱的年代，连士升和许多家乡人一样为摆脱桎梏，摆脱迷茫和贫困，下了南洋。从此在那儿生根发芽，最后长成了一棵棵大树。他们在自由的土地上放飞自我，找到了人生的意义，经营着自己的事业，也获得了前所未有的成功。更难得的是，中国文人的儒雅以及中华民族的美好品德竟在这里世代相传。

人生的每个阶段，连士升都在思考三个问题：一是“我们能做什么”，二是“我们所做的是什么”，三是“我们应该做什么”。所以他的每个决定都站在时代的高处，将人生路上的风险降到最低。他爱国、爱家，这种情感被寄托在他的作品中，使之有了更强的生命。细细读来，感觉就像在和你愉快地聊着天。在东南亚地区的华文文学发展史上，连士升做出了卓越的贡献，他的文字细腻有深度、直击要害，被誉为“南洋鲁迅”。毕生笔耕不辍，他喜欢挑战自己，在写作上不断攀登高峰。他虽然被誉为“南洋鲁迅”，其文字却不像鲁迅那么尖锐。他用笔温和敦厚，感情丰富，喜欢意境美的描述，善于比喻而富启发性。他关心青年的思想，总是用温情的语言循循善诱，激励着他们上进，其作品多年来广受读者喜爱。

在《海滨寄简》中，连士升诚实地跟读者们做着心灵的交流与沟通。他平时比较喜欢读名家们的书信，例如《曾国藩家书》等，而自己因事务繁忙，也顾不上动手去写信。然而缘分就是这么奇妙，随着他的《闲人杂记》的出版，读者们纷纷来信，这让他以写信的方式与读者沟通。书信这种体裁，容易拉近自己和读者的距离，能让自己的文字变得有温度，更容易被青年们所接受。

在《海滨寄简》中，他激动地谈论历史，从岁月变迁中谈论世界发展的规律；谈世风，从社会事件中告诉青年要疾恶如仇、坚持正义；谈做人之道，做人要真实讲诚信，不能当面一套，背后一套；谈传统文化，要去继承和发扬中华民族的优良传统；谈知识分子，要坚持文学和艺术的自由，不能囿于体制；谈家庭教育，教导孩子需要换位思考，正确指引。海阔天空的话题，侃侃而谈，兴味淋漓。即使在今日看来，这些文字和道理也充满着韵味和启示的意义。

例如，他看到过年的时候，给孩子们发红包，孩子们会感到特别开心，于是就想到了“阖第光临”这四个字。原来，中国旧社会的家庭办喜事，会发请柬通知亲友，请柬上会有“阖第光临”四字，其意思就是邀请亲友的全家人都会光临凑热闹，增加喜庆。但是，一到工业化的都市，农业社会的一些旧传统就遭到了冲击，被抛到脑后了。这是农业文明和工业文明的一场较量。也许现在看，我们赢了时间和金钱，但我们失去的远远比得到的多。我们失去了民族的优良传统，我们排斥、鄙视、抛弃它们，崇洋媚外，丢失了自己的灵魂。

在这个光怪陆离的社会，“阖第光临”的传统日渐式微。我们的节日和喜事，渐渐地成为我们的负担，我们害怕失去时间和金钱，我们总以为这些时间和金钱省下来，可以去做更多的事，去接触更多对自己有利用价值的人。然而这种传统，不仅能促进亲友之间的感情，在交流中还能促进相互的理解，这样亲友和睦、家庭幸福快乐，何乐而不为？同样，它还有益于儿童的身心，让他们在成人的世界中，学到交际和应酬的知识。

和国人不同的是，下南洋的华人由于远离祖国，害怕经年后与故乡脱节，于是更加重视保留中国的文化传统。他们初一、十五敬天祭祖，同时不忘却母语，学习好汉语，也崇尚文质彬彬的做人之道。连士升一生受过良好的传统文化教育，秉承传统知识分子的绅士礼仪和中庸之道，对中国传统文化一往情深，对祖国的始终念念不忘。但是，安身立命在南洋，认真地考察过当地的风俗人情，他认为，南洋的文化应以当地的文化为主体，必要时再加上中国、印度的旧传统中优秀的部分，以及欧美文化的新思潮，把这些文化融合在一起，形成一种和谐的适合当地文化需要和趣味的文化，如此南洋文化才能生根发芽，才能繁荣生长，并开花结果。而华人们，应该认识到这种趋势，不仅要入乡随俗，而且要用心而为，融入这种文化。

连士升还写道，他羡慕玄奘，崇拜玄奘，更以沟通文化、寻求世界和平为使命……他注意到印度的国魂，是从他到了新加坡后才开始的。在新加坡的日子，他一直研读甘地、泰戈尔、尼赫鲁、普拉萨等人的著作，以及当时人们对他们事迹的记载。这样似乎还不够，他曾特地去甘地待过的地方，去了解他的事迹、感受他的英魂，这让连士升百感交集。

连士升的精神，也许就是他敢想、敢做。他查阅了大量的文献资料，用了十几年时间，撰写了他眼中的甘地、尼赫鲁和泰戈尔的传记。他大量地描写他们的生活和思想，传播他们的文化，让世人对印度有了更深的了解，对中印文化交流做出了不可磨灭的贡献。

连士升的一生，都奉行着一个字“真”，即认真和真诚。他一生做人做事都非常认真：认真做学生，一路求学、做学问；

认真做老师，为人师表，治学严谨；认真做丈夫和父亲，给妻儿一个温暖的家；认真读书和写文章，词句温和，反复雕琢。他待人真诚，从不虚情假意，给人一种安全感。他一生漂泊，带着满身的才华，带着对家国的不舍，1973 年在异域他乡长眠，成就了一代人的传说。

一带一路

Chapter 06

白手起家的企业家

——邱德拔

邱德拔
通过自身努力成为白手起家的企业家

邱德拔（Tan Sri Khoo Teck Puat，1917—2004），祖籍中国福建海沧，出生于马来亚，后加入新加坡国籍，曾是新加坡的首富，马来西亚最大的银行马来亚银行的创办者。早年曾在华侨银行当书记，1959 年辞职。第二年在吉隆坡与朋友一起创立马来亚银行。到 1966 年，马来亚银行已设立了 108 家分行，开始打破外资银行垄断的局面，他被公认为杰出的银行家。在 20 世纪 80 年代，他与香港船王包玉刚一起，收购英国标准渣打银行，后成为该银行的单一大股东。1994 年底吸纳了汇丰银行若干股权。据美国《福布斯》杂志公布数据，2003 年邱德拔的财产约有 26 亿美元，为当年新加坡首富，在全亚洲亿万富翁之中名列第十八位。邱德拔是普通人，却又是很不寻常的世界知名富豪。他的人生履历，闪烁着奋斗者的光辉，而其所追求的人生理想也彰显着人性的斑斓。

01

走在同龄人的超车道上

1917 年 1 月 13 日，邱德拔出生于马来亚的一个华裔富商家庭。这里常年骄阳似火，万里无云。与出生地不同，他的祖籍福建省海沧四季则分明许多。在他的人生道路上，父亲对其影响长久而深远。父亲经营米业，还曾担任福建多家银行的股东，一家人不用为了生计发愁，过着富足而幸福的生活。他们居住的小镇并不富庶，很多人因为吃不饱饭而流落街头，邱德拔的父亲常常开仓放粮。这一幕幕都被邱德拔看在眼里，记在心里。他立志要为这个城市、这个国家做些什么。

时光飞逝，转眼间邱德拔就到了该上小学的年龄，与其他小孩子的天真烂漫不同，这个古灵精怪的小家伙除了有孩子的天真无邪外，从他明亮的双眸里还透露出一种超出同龄人的睿智。果不其然，从小良好的家教以及勤奋好学的本性使他很快在班级里脱颖而出。小小年纪就满腹才华，这一点让老师和家人都为其感到骄傲。但是邱德拔并没有自满，而是一如既往地保持着谦逊的态度。因为他明白，自己要做的远远不止这些。由于在言谈举止方面均比同龄人成熟，邱德拔深受学校校长和老师的喜爱，平日里学校举行一些活动晚会，老师们总是乐于委任邱德拔做些组织工作，而重任在肩的邱德拔也总是不负众望，这既锻炼了他处事的能力，也为他后来白手起家，开辟一片属于自己的天空奠定了基础。

但是，正如每个人的人生都不是一帆风顺的，小德拔自然也要经历岁月的打磨，不过他总能以临危不乱的心态和当机立断的勇气化解危机，着实令人刮目相看。

邱德拔上六年级时，为庆祝在刚刚结束的市运动会上运动员们取得的优异成绩，学校举办了一个盛大的庆祝活动。活动的一项重要内容是校长与运动员代表一起切开一个巨大的三层蛋糕。大会前的一些准备工作交给了以邱德拔为首的一群小孩子。如此重要的蛋糕自然早已定做好，接下来便是去学校隔壁的蛋糕店把它安全取回来。虽然只是简单地拿回蛋糕，但是邱德拔丝毫不敢怠慢，他深知这个蛋糕对大会的意义，千万不能出纰漏。但事情的发展就像“墨菲定律”一般，邱德拔越是担心什么，就越是发生什么。尽管邱德拔万分小心，但同去的同学却浑然不知这件事的重要性，他们沉浸在上课期间走出学校的喜悦中，完全忘了自身的责任，一路嬉戏打闹，在即将回到学校之际，因为两个同学的追逐打闹碰倒了载有三层蛋糕的小推车，随着一声惊呼，蛋糕落到地上。追逐打闹的两个小孩子意识到自己闯了大祸，一时惊慌失措，坐在地上哭了起来。邱德拔也一时不知所措。慌张的情绪只持续了短短几秒，他意识到与其在这里哭哭啼啼，不如赶紧设法补救。他马上动员小伙伴分头行动，一方面派人去和老师说明实情，承认错误，另一方面去蛋糕店，请求老板再做一个蛋糕。老板看到这么小的孩子如此沉着，虽然要在很短的时间里做这么大的蛋糕有些困难，还是欣然接受了他的请求，帮助他渡过难关。老师知道后也比较生气，但是也为邱德拔能迅速采取补救措施感到满意。最终邱德拔没有让任何人失望，经过和蛋糕店主的共同努力，终于赶在大会前完成了新蛋糕的制作。当大会顺利召开之时，小邱德拔拖着疲惫的身躯露出了欣慰的微笑。

经过这次蛋糕事件的教训，邱德拔从自身找原因，明白了做事考虑不周，还有许多需要改进的地方，自己会谨记这次的挫折，为成为更好的自己而努力奋斗。转眼间小学六年的时光匆匆而过，很多小孩子依然是稚嫩模样，但邱德拔却历练出一颗坚韧不拔的心，他已然走在了同龄人的超车道上。

02

一代翘楚初长成

1933 年，邱德拔 16 岁时有了第一份工作。在父亲参与创办的一家华侨银行工作。初来乍到的他并没有因为父亲的关系受到关注，反而像初涉职场的新人一样，遭到了很多人的排挤。本指望借助父亲的平台一展拳脚，大干一番，但是现实的残酷很快让邱德拔受到了前所未有的打击。虽然他是银行股东的公子，但这反而给他带来了沉重的压力，所有人都认为这只是一个 16 岁的富家公子哥儿，来这边根本不是为了工作，而是为了消遣，在信奉“时间就是金钱”的资本家眼中，更是没人愿意为他浪费一分一秒。受人冷落的他从小职员做起，每天的工作就是给领导端茶送水，同时还兼顾打扫卫生，总而言之，一切脏活累活都由他来做。邱德拔所做的一切，父亲都看在眼里，疼在心里，他知道自己的儿子受尽了委屈，却又碍于身份无法出面。转念一想这对他来说也是一种考验，每每想到此，便任由儿子经历打磨。事实证明，父亲这样的做法对邱德拔的成长效果显著。

时间就这么一天一天过去了，邱德拔怀疑过自身实力，是不是因为自己太过无能导致没有人愿意用他，但不服输的性格还是让他坚持了下来。他终于等来了这一天。就是这一天，管理账目的会计出现了纰漏，被行长勒令辞退，怒火中烧的行长将火气也撒到了邱德拔身上，当着全银行人对邱德拔破口大骂道：“都来了这么长时间还什么都不会做！现在你来做这个会计，今天下班之前给我把之前的账目全部梳理清楚，如果做不到也给我马上走人！”邱德拔心里明白，这是行长为自己的失职找一个替罪羊。他硬着头皮开始工作。但让他万万没想到的是，这样一个无心插柳的举动，却成了邱德拔显山露水的契机。在毫无征兆地被骂之后，就连平日里尖酸刻薄的同事都有些同情邱德拔。到了下班时刻，火气已经消了一大半的行长过来视察邱德拔的工作，发现邱德拔把账目梳理得井井有条。这一阴差阳错的举动让行长不得不重新审视这位年纪轻轻的小伙子，同时这也使邱德拔的职业生涯开始步入正轨。

在这之后，由于突出的业绩与个人能力，邱德拔可谓平步青云，节节高升。没过几年，他就担任了银行的副总经理，期间经他谈成的项目数不胜数。经过二十多年的磨砺，邱德拔早已得到大多数人的认可，在银行及相关领域都积攒了大量人脉。在所有人眼里，他是进入董事会的不二人选。然而，在其 42 岁参与董事会选举时，大量的人脉和良好的群众基础并没有使他成功入选,这也让自信满满的邱德拔备受打击。这次意外落选,使他开始重新反思自己这些年所取得的成就。在经历了几天的思考后，他做出了一个惊人的决定——放弃之前的一切。这样的一个举动在常人看来无异于发疯，已过不惑之年的他本该追求稳定幸福的生活，而他却放弃之前的一切重新出发。但这也许正是邱德拔和普通人的区别所在。

1960 年，刚刚离开银行一年的他把自己这些年来积攒的全部家当拿出来，并邀请几个合伙人一起投资 1000 万林吉特（约合 26.31 万美元）在吉隆坡创办了马来亚银行。他没有利用父亲的裙带关系，而是发挥自己的智慧，通过自己的努力做出了一番事业，可以称得上是白手起家。随着时间的推移，他苦心经营的银行终于成为全国最大且知名度最高的银行，而他的身价也自然是水涨船高。在他功成名就后，很多人慕名而来想一睹真容，想了解他成功的秘密。但是在接受采访时他依然保持着童年时的谦逊，从来不炫耀自己的资本以及身家，说得最多的还是“但行好事，莫问前程”这几个字。其实成功者之所以成功，不是因为他们和普通人有什么不同，而是在于他们有着善于创新和挑战的心。他们从来不安于现状，也不惧怕失败，即使在前行的路上撞得头破血流，也义无反顾地前行。正是这种锲而不舍的精神成就了邱德拔如今这番事业，也让他所创办的银行享誉国内外。

在做生意方面，邱德拔似乎有着独特的天赋，他总能低价买进高价卖出，这让很多人自愧不如。在邱德拔一生的发展中，他始终有着自己独到的见解，这也让他在与同行的竞争中能够脱颖而出。1986 年，已经 69 岁的邱德拔风采依然不减当年，而这一年也可以说是他人生中又一个转折点。渣打银行因经营不善而陷入严重的经济危机。树倒猢狲散，墙倒众人推，与渣打银行有关的人员都唯恐避之不及，生怕受这个濒临倒闭的企业牵连。但是邱德拔却做了个惊人的决定，他说服两个商业伙伴对渣打银行进行收购。这样的做法使很多人都大吃一惊，因为同他离开银行再创业不同，这次的收购可是搭上自己和合作伙伴的全部身家，况且还有一家英国公司进行恶意收购从旁干扰，收购过程可谓凶险万分。最终，他们三人买进了渣打银行 37% 的股份，而邱德拔也因此成了渣打银行最大的个人股东。因为他“守护有功”，英国政府还授予他爵士头衔，以表彰他为渣打银行做出的巨大贡献。

03

爱与美食不可辜负

2004 年，87 岁高龄的邱德拔因心脏病发作离开了人世，这也让很多人感到遗憾和惋惜。

邱德拔的晚年过得很幸福，他有 3 个儿子、11 个女儿，儿女们都很孝顺，他们经常抽空来陪年岁渐高的父亲谈心。为了不让老人感到孤独，他们总是想方设法哄他开心，体贴入微地轮番照看，让邱德拔的晚年享受到了天伦之乐。邱德拔离世前的那个下午，阳光明媚，春风和煦，儿女们纷纷回来探望父亲，一家人迎来了难得的团聚时刻。老人躺在窗边的躺椅上沐浴着日光，儿女们则环绕在父亲身边，诉说着过去一周发生的趣闻逸事，老人则安静地听着，时不时还点头示意。时间仿佛已经停止，窗外的阳光显得格外耀眼，就在这样的美好瞬间，老人永远离开了。

在年轻的时候，邱德拔最喜欢品尝世间美食，他认为“世间万物唯有爱与美食不可辜负”。肉便是他最喜欢的一种食物，每次谈到肥猪肉，他都垂涎三尺，“无肉不欢”也成为大家调侃他的一个说辞。邱德拔对美食的喜爱超过了其余很多事物，他既会拿起刀叉品尝牛排的鲜美，也会握住筷子体验川、粤、鲁、湘的中国菜系，上到山珍海味、下到街边小吃都是他的兴趣所在。在老先生看来，这些都是人间美味，是上帝给予人类的恩赐。除了和家人聚餐之外，邱德拔独自一人享受美食时也极有讲究，在外人看来这是近乎苛刻的痴迷，对邱德拔来说却是乐在其中。邱德拔每天在固定的时间都会去自己旗下的良木园酒店用餐,而且每顿饭都种类丰富，食材鲜美，必须色香味俱全。这样的高标准也衍生出了一支只服务于他的厨师队伍。他广邀天下名厨，目的就是为了品尝一下地道的地方风味。后来，服务他 15 年餐食的梁小姐在接受采访时曾说道，猪脚、乳猪和五花肉都是邱老板的最爱。邱德拔的一生活出了自己的印记和风格，正如他在事业上取得的成就一样，在饮食上同样追求完美。

除此之外，他还对名车有着一种近乎疯狂的喜欢，在经济自由后，他便收集各种名车，但这并不是为了炫耀，而仅仅是单纯的喜欢。

在世的时候，也许是平日里工作过于繁忙，所以偶有休息之时他便异常珍惜和家人在一起的时光。每逢周末，他都会邀请家人一起聚餐，一家人在一起的和谐画面是他记忆中最美好的时光。

一个人的一生就是一道美丽的风景，而身边的亲朋好友则让这道美丽风景变得格外引人注目。事业取得傲人成绩的邱德拔当然深谙此道，所以他在工作之余也更加重视家庭对他的意义。在他眼里，金钱是获取不完的，但是亲情却是不可或缺的。因此他将自己的人生分为两半，一半献给家庭，另一半则留给工作。与传统的生意至上的商人不同，邱德拔算得上是事业亲情双丰收。他总是认为只有工作的人生并不完整。人世间最美好的东西就是陪伴，在外人眼中，他是一位令人钦佩的企业家，但是在儿女们眼中，他却是一位“令人骄傲的好爸爸”。

04

财富之外的魅力

邱德拔生前，是一个热爱慈善、热爱教育事业的人。经济自由后，他设立教育基金支持更多的学生进行海外学习交流，让他们在学习的同时体验异域风情，扩展自身的视野，对之后的成长亦有帮助。在英文教学方面，他更加不遗余力地加大投资力度，为教育事业提供大额奖学金，把这些奖学金发放到了中国和新加坡的一些大学，鼓励孩子们更好地学习深造。而这一切，与他自己的大学经历有关。在他上大学期间，曾经看到过家境贫穷的同学为了学费而打工，也曾经看到过同学省吃俭用只为了能够多为家庭分担一点生活压力。这一切都让从未体验过如此生活的邱德拔深受触动，虽然自己做不到感同身受，但是却也能或多或少地感受到生活的辛酸。所以他希望自己的基金能够资助那些优秀的学生，让他们无所顾忌地为自己的未来奋斗。邱德拔把遗产中的一大部分都捐献给了教育事业。

教育对于一个国家来说着实是立国之本，少年强则国强。倘若没有足够的人才，又怎能将国家建设成繁荣富强的样子？邱德拔明白，在这个全球化的时代，再也不存在一个闭关锁国的国家，国与国之间的交流自然是必不可少的。因此他将自己的大量基金都投资在了外语教学方面，这足以看出他的远见。他希望自己所获得的财富能够造福于民，甚至是全世界。邱德拔基金通过国内外的计划资助了周边国家的英文教育培训员，越南便是其中受益的国家之一。在接受基金捐赠之后，越南国家的教育体制绽放出了新光芒，越南人民的英语水平得到了空前的发展，他们开始加大对英语培训的力度，并且为全国每个省份都培养出了一支雄厚的英文师资团队。邱德拔之所以资助英语教育，主要是希望国与国之间能够建立广泛的交流关系。

很多被邱德拔资助的学生都成了国家的栋梁之材，对于邱先生提供的帮助，他们永远都不会忘记。当他们食不果腹、面临生存危机时，是邱先生给予了他们希望。滴水之恩，当涌泉相报。说到这儿，就不得不提邱德拔中年时期的一段经历。

当时正值新加坡的国庆节，全国人民都沉浸在欢乐的海洋中，加之难得的假期，各个商业区和旅游点都人山人海，好不热闹。邱德拔没有去著名景点欣赏风景，而是去了书香气息浓厚的大学校园。他漫步在校园幽静的林间小道上，又仿佛回到当年的那段青葱岁月。不知不觉间他走到了图书馆门口，一时兴起走了进去。可当他走入图书馆时看到的场面却令他大失所望，图书馆里几乎没有什么人，只有冷冰冰的书架和桌椅在那里静静地摆放着。不过邱德拔转念一想，现在正值假期，学生们不在学校也属正常，想到这里便准备离去。但在转身的一瞬间，他看到一个男孩儿坐在角落里，身旁还放着一些图书，由于整个图书馆空无人影，男孩格外显眼。出于好奇心，邱德拔走到男孩身边，想要看看他到底有什么不同。可是这一看，不禁让邱德拔鼻头一酸，心中五味杂陈，一时说不出话来。这个男孩穿着十分朴素，甚至在衣服的边角处还有不同程度的破损，而用来做笔记的铅笔也已经磨损殆尽。男孩如此地落魄让邱德拔十分震惊，在他的人生轨迹中，根本就不存在这样寒酸的画面。强烈的视觉冲击使邱德拔有了更多的探寻欲望，他迫切地询问男孩的情况。原来男孩由于家里贫穷，平日里省吃俭用，为了节省开支，他经常在图书馆里一待就是一整天，因为读书可以使他忘记饥饿，这样就能又省下一顿饭钱。男孩的解释让邱德拔无语凝噎，心中错综复杂的情绪交织在一起，最后也没说出一句话。他只是轻轻拍了拍男孩的肩膀，把身上剩下的钱全部给了他之后便转身离去。这次的经历深深地刺激了邱德拔，他把这一切转化为自身的动力，发誓要尽自己的能力帮助这些穷苦学生。正是这件事为其后来资助贫困学生埋下了伏笔。

除了教育,在医疗方面,邱德拔也做出了不可磨灭的贡献。在他离世后，他的儿女们遵循他的遗志，给义顺的一所医院捐赠了 1.25 亿美元，这一笔巨额款项，如雪中送炭一般帮助医院解决了设备及药物等物资问题,帮助很多病人重现生机。由于他的捐赠，这家医院后来改名为“邱德拔医院”。一个国家的医疗水平亦是衡量综合国力的重要因素，邱德拔正是深刻认识到了这一点，所以才希望为国家多尽一份力。在他的愿景中，他希望所有人都不要忍受病痛的折磨，都可以拥有一个健康的身体和幸福的人生。邱德拔这种胸怀天下、胸怀劳苦大众的伟大情怀，着实令人敬佩。

邱德拔在体育方面也做出了自己的贡献。北京大学体育馆是一个大型的运动场馆，同时也是 2008 年北京奥运会乒乓球比赛的重要场馆。在这之后，这个体育馆也多次举办了诸如残奥会等大型体育赛事。2006 年 11 月，邱德拔基金向北京大学捐赠了 1.733 亿元人民币，希望能够为即将建造的北京大学体育馆贡献一份力量。北京大学同样以邱德拔的名字命名了北京大学体育馆以及政府管理学院大楼的主会议厅。

邱德拔用自己独特的眼光看待着这个日新月异的世界，他似乎有着洞察一切和预知未来的能力。在其生前，凭借着出众的个人魅力以及无穷的智慧创造了辉煌的成就。逝世后，他依然用自己留下的财富造福世人、造福社会。他将基金贡献给了教育、医疗、体育事业，就像是一个默默无闻的天使，始终不曾停下关爱世间的脚步。

邱德拔的一生，度过了 87 个春夏秋冬，他将每一年每一天都过得多姿多彩。新年伊始，他总是会回顾自己在过去一年中的得与失，从而促使自己变得更加优秀。从少年时代开始，他便展现了与众不同、聪颖绝伦的天赋。童年的经历让他选择成为一个有所作为的人，成为一个奋斗不止的人。回顾这一生，邱德拔的奋斗历程可以说是芸芸众生的励志范本，从一个不被人重视的小人物到新加坡首富的蜕变，更是梦想照进现实的真实写照。邱德拔的个人魅力让我们敬仰，这不仅仅是因为他物质上的富有，而更多的是因为他精神上的富足。他的事迹，会让世人铭记。

一茶一路

Chapter 7

不只为商业奋斗的商人

——郭令裕和他的家族

郭令裕（Kwek Leng Joo，1953—2015），新加坡华人，祖籍福建省厦门市同安区莲花镇，其父是新加坡华人企业家、丰隆集团的创立者郭芳枫；其兄是丰隆集团的主席郭令明；而郭令裕是丰隆集团国际开发（香港）有限公司董事经理及新加坡城市发展有限公司董事经理。郭令裕还曾任新加坡同安会馆第 29 届副主席。他还担任过四届新加坡中华总商会董事会会长，2009 年后连任新加坡中华总商会三届名誉会长。同时也曾是新加坡福建会馆的名誉理事，厦门市海外交流协会名誉会长。

01

鲜为人知的家族创业史

海外移民的老一代人，刚刚来到新加坡，艰难地经营着生活。其中的一些人靠自己的勤劳、智慧和拼搏向上的精神开始了艰难的创业之旅。他们从经营小本生意开始，慢慢积累了经验，有了资本，再慢慢扩大经营。经过几代的繁衍，加之中国移民的不断加入。今天，在 500 多万人口的“花园之国”新加坡，华人所占比例已高达 75% 以上。

丰隆集团的创始人之一郭芳枫便是其中一员，1912 年他出生在福建省同安县的一个小镇。由于家里贫穷，只念了3年小学的郭芳枫在1928年抱着一卷草席来到了新加坡，投奔亲戚，当起了小伙计。当郭芳枫渐渐地积累了经验，也有了一定的财力时，他和他的几个兄弟在新加坡开始了创业，开办了后来名声大噪的丰隆公司，专门做建材、五金、油漆、采胶器材等生意。经过兄弟几人的努力奋斗，丰隆公司成就不凡，香港的《远东经济评论》和美国的报刊都将其列为亚洲最大的华商财团之一。现在的新加坡丰隆集团旗下还有100多家企业。丰隆集团的房产业、造船业、贸易业、保险业等，都是同行中数一数二的企业。

郭芳枫挖到的第一桶金，是在第二次世界大战结束后通过贩卖战后物资挣来的。战争刚结束，郭芳枫预见到战后会有一段恢复期，建设物资将会紧俏，价格将会暴涨。医治战后的创伤，重建家园会有一个高潮。于是他们以非常低的价格收购战后物资，再以高价卖出。战后的几年里，建材和五金的需求量特别大，价格一直往上涨，郭芳枫收购的战后物资随着路过新加坡的轮船运往世界各地，这些物资成了抢手货，郭芳枫挣了许多钱，这些钱成为他事业上的第一笔资金。两三年的时间就让丰隆公司成为新加坡实力雄厚的大公司，公司业务也渐渐扩展到马来西亚。面对巨大的成功，郭芳枫并没有飘飘然，而是开始了下一步计划。

郭芳枫对房地产总是特别感兴趣。只要一有资金，他就会把钱投入房地产。人们称他为新加坡地王。郭芳枫很少出售房地产，就算必须要出售，出售后的资金他也会再次投资到房地产，这也是他的一个习惯。新加坡经历过战争，经济在慢慢复苏，建房子盖工厂需要地皮，这样地皮的价格必然会慢慢上涨。这个判断让他开始了对房地产的长期投资，他陆续把比较有发展前景的、地理位置较好的地皮用较低的价格买下，随着时间的推移地皮的价格一年比一年高，到了 20 世纪 70 年代，价格已经比买的时候涨了好几倍，房地产的投资成功让郭芳枫大赚了一笔。郭芳枫还看准了盖房子和盖工厂需要大量水泥这一商机。这一股建筑热潮的到来，促使郭芳枫和另外两家公司联合办了一家水泥工厂，开始生产水泥，水泥刚刚投入市场就供不应求。

随着新加坡人的生活越来越好，郭芳枫又成立了丰隆实业有限公司。他把所购地皮进行了更加全面的投资，盖起了现代化的居民住宅区，还有一幢幢的商业办公大楼。在新加坡的中心地区，就有 10 多幢商业大厦和酒店物业由他所建。

随着世界金融市场的快速发展，郭芳枫再次抓住了股市这个大商机，他筹集资金开办了丰隆金融有限公司，扩大了证券业务。这一举动，为丰隆集团后来成为世界跨国大财团奠定了坚实的基础。

郭芳枫对自己一生在商场的经验做了总结，他说做生意要观察分析时势，估计情况的变化，跟随世界发展的方向，根据时代的节奏采取正确的方式方法。

尽管郭芳枫一生取得了很大成功，但 1965 年，由于新加坡独立了，不在马来西亚的管辖范围内，郭氏家族的生意受到了影响，兄弟几个在生意场上的意见也不一致，因此各走各的道路。自郭氏兄弟分家后，郭芳枫的弟弟郭芳来在马来西亚发展。之后，郭芳来把分得的工厂及贸易业务给了儿子郭令灿，从此新加坡的郭家与马来西亚的郭家开始了互相竞争。

一辈子辛苦打拼的郭芳枫在 1994 年逝世，或许他心中还带有些许的遗憾。之后，他的两个儿子郭令明与郭令裕继承家业，一起管理集团。大儿子郭令明接替了父亲的位置，成为丰隆集团的总裁。当时郭令明 54 岁，他以长子的身份接替父亲掌管家族企业，成为“狮城”新一代富豪。

比幸运更加重要的是，郭令明的事业是以父亲打下的天下和留下的遗产为基础。此外，郭令明拥有的 28 亿美元资产足以让他施展宏图。此外他还有弟弟郭令裕的帮扶。郭令裕素来以精明见称，有着非凡的商业头脑。他也是郭氏家族值得大书一笔的人物。郭令裕的名字也经常出现在富豪榜上。如今他们的家族财富越来越多。郭令裕同哥哥郭令明一起，把父亲留给他们的家业越做越大。

郭令明在父亲去世后的10年里，与弟弟郭令裕一起拼搏，不断地扩展商业领土，最主要的举动是不断扩展酒店这一行业，以实现其开创全球性酒店王国的理想。郭芳枫还在世的时候，丰隆集团就在新西兰收购了20家酒店，还将伦敦的告罗士打酒店、香港的日航酒店和吉隆坡的丽晶酒店收入名下。郭令明似乎对酒店情有独钟。郭令明和阿拉伯王子共同收购纽约广场酒店，用了25亿美元。在亚洲金融危机后，许多国家的经济也出现了危机，这时郭令明的丰隆集团低价收购了28家美国富豪酒店，用了近50亿美元。新加坡丰隆集团以低价收购的酒店越来越多，达到上百家。郭令明因此也被誉为“商界猎人”。

郭令明做生意不只是在冒险，他知道当风险来临的时候怎么去应对。他说，可以应对能计算的风险，以获得很多利润。做生意都是有风险的，没有无风险的生意。郭令明刚开始经商的时候，每次父亲的事业遇到危机，看着父亲应对风险时，他的内心都很紧张。同时，这也让他积累了不少经验。

郭令明的投资充满着个性和主见，从不追随大众，不会让趋势影响他的想法。几年前，互联网正发展得热火朝天的时候，当时的丰隆集团正好有1亿美元的可用资金，投资银行向郭令明进言，建议他用这笔钱投资互联网行业。他觉得投资互联网预期的收入不太符合实际。后来的事实证明，他是对的。

郭令明在金钱的使用上非常严谨，对成本计算得很精细。在经济不景气的情况下，现金的使用是非常重要的。除了必要的资金，郭令明会把其余的资金都冻结起来，有足够的资金能够使日常的财务运转顺畅，保留的资金越多以后才有机会收购更多的酒店。郭令明说做生意就要在刚开始创业时集中发展主要的业务，等业务发展到一定规模，再扩展与主要业务有关的其他业务。在自己家的后院都没成功，在别人家就更难了。

郭芳枫对郭令明的影响是很大的。郭令明在内心对父亲充满了感激和敬畏。有一次郭令明受不了父亲对他的严厉要求而逃到了马来西亚。可是父亲并没有因此放弃对他的培养，还在当地帮他请了一个老师来教导他。如果不是父亲对他的教育和指导，他可能不会像今天这样成功。

郭令明在后来与别人谈论到自己的父亲时，别人可能认为郭芳枫的运气非常好，但他不这么想。父亲能够想到别人想不到的，看到其中的商机，这就是郭芳枫比别人厉害的地方，这并不是运气。郭令明说父亲是严父，也是他的导师。郭令明从父亲身上学到了很多在商学院学不到的做生意的窍门。

郭令明曾经说过，有没有大学文凭与能不能成为一位成功的企业家是没有关系的，这不是决定性的因素。他的父亲只念过 3 年书，一样可以创办公司，并且非常成功。他白天经营公司，晚上上夜校继续学习，基本没有接受过正规的教育。这就是一个真实的例子，只要努力付出，任何不可能都会变为可能。

他不断强调，就算不想考大学，没有大学文凭，那也要学会和经商有关的知识，例如如何处理账目、如何经营生意等。但是不能太过于注重理论的知识，要学会变通，在商场上要的是具体的办法，要看得到，摸得着，不能只知不切实际的理论观点。

与郭令明和郭令裕在新加坡发展得一帆风顺一样，在马来西亚的郭令灿也把父亲郭芳来留下的产业越做越大。不得不说，郭氏家族是一个庞大的家族，而且子孙后代也个个才华横溢，不仅把生意越做越大，而且对社会也做出了巨大贡献，在海内外都享有极高的声誉。他们的家族创业史鼓舞着很多人。

02 创新地产业的环保楷模

新加坡城市发展有限公司也是郭氏兄弟创办的公司，2004 年取得了巨大的成功，收入超过 30 亿新元。下属公司就有 400 多家，5 家是上市公司，还有好多家酒店。其中千禧国敦酒店集团 (M&C) 是新加坡最大的国际酒店，其连锁酒店均由城市发展有限公司控股，在伦敦上市，是世界上最大的酒店业主和经营者之一。在 20 多个国家有超过 110 家四星、五星级酒店和度假村。在中国的许多城市都开设了千禧大酒店；在欧洲、北美、澳大利亚和新西兰这些地区和国家也都能见到其开设的酒店。这一切与郭令裕独到的眼光和发展环保的理念分不开。

郭令裕是一个敢于想象、富有创新思维的人，在他的带领下，城市的发展具有了创新性。郭令裕的企业正好赶上了新加坡绿色发展的时期，在这期间，整个新加坡都朝着“花园城市”的方向发展。郭令裕非常赞赏当时的总理李光耀做出的一个决定，“李总理确实是对的，但凡一个好的投资环境，除了说要有安全稳定的大局外，更重要的是这里是不是更适宜人居住，那些投资人可不是一般地刁钻。”

郭令裕的环保产业建议在最初获得通过并不容易。其中反对声音最大的便是自己的兄弟们，在他们看来，商业总是要求利益最大化，做环保地产，投入明显会增加很多，但是如果房子的价格也顺带提高了，必然会带来消费者数量上的减少，对企业的成长是不利的，虽然环保型房产是发展趋势，但还不到时候。这件事在董事会上也引起了一定的争议，甚至投资人也不看好。以致很多投资人撤资，董事会的意见成为郭令裕行动的最大阻力。郭令裕在上海买下了一块非常好的地皮，董事会的很多人告诉他，尽管上海这个城市在近代中国发挥了很大的作用，但是改革开放刚刚开始，中国所面临的一切都还是未知数。他的同伴们说只要把它盖起来就行，别的无所谓，赚了这一笔再说下一笔。因为意见一直不统一，上海的这块地皮郭令裕就没有开工。

面对这些，郭令裕必须想办法说服身边的人。他认定了发展环保产业是今后的大趋势，在新加坡经济持续发展的过程中，他看到了环保给这个国家带来的福利，而像中国、印度这样的发展中国家则更加需要注重环保，否则，总有一天，空气污染、水污染、固体废弃物污染会成为这些国家的弊病。投入环保产业，可能开始会受到投资人和董事会等方面的质疑，但郭令裕相信，时间会证明这一切是对的。1993 年，郭令裕在董事会上曾经说过,他相信在这样一个大发展的时代,人们对于生活品质的要求会越来越高，有理由开始他们的计划。

郭令裕按照自己的设想踏上了征程。在国外他把投资目光聚焦于环保产业，在国内开始把自己的投资与新加坡“花园城市”的建设结合起来。先是在滨海地区建设以环保为主题的酒店，接着在城市各地的房产建设中也以环保为主题，小区周边的环境都绿树葱茏，整个房屋的建筑材料也是尽量能用环保的就用环保的。在建筑设计上，尽量与新加坡的气候环境相结合，这样一个城市国家，无论是能源还是水源都很缺乏，让每一户业主能少一点能源消耗便少一点。郭令裕力排众议，投资建设新加坡植物园。他让团队从世界各地收集来各种珍稀的植物，种在植物园里。刚开始大家都不以为然，但是二十多年后，这个植物园不仅成为新加坡人的地标性建筑物和旅游胜地，也为缓解城市的热岛效应发挥了不可磨灭的作用。人们开始佩服郭令裕的远见卓识。郭令裕领导下的城市绿色建筑，荣获了白金冠军奖，建筑局颁发了70多项绿色建筑标志，为许多行业设立了新标杆。

新加坡城市发展有限公司的房产不仅能为新加坡国内的人带来舒适的住处，也吸引了不少国外人，当他们准备到新加坡安居的时候，一般都会首选新加坡城市发展有限公司的房子。

2010年，郭令裕带着新加坡城市发展有限公司一行人回到自己的家乡中国，看到中国被各种各样的“城市病”困扰，他说：“我们做生意的，不仅要看到眼前的利益，也要看到这个社会将来的利益，如今虽然这一切都迟了，但是我们人类是一个共同体，如果一个商人因为赚钱而昧了良心，那么我们都没办法再称为人，更毋论说是商人。现在我回到我的故乡，我很愿意做这一切。”

03 寄望教育，追求艺术

自2006年起郭令裕就一直是南洋理工大学的校董成员，也是审计委员和校友及发展委员。在郭令裕离开人世后，南洋理工大学校长表达了非常沉痛的悼念之情，他说郭令裕在南洋理工大学的发展中留下了不可磨灭的痕迹，做出了巨大的贡献，使南洋理工大学多方受益，并且也得到了不少环保设计奖。

郭令裕工作繁忙，但他在南洋理工大学做慈善活动时，为同学请他们喜欢的韩国明星到场表演。城市发展青年社会企业领袖基金也是郭令裕设立的，支持着多项管理大学的学生社会企业项目。为了成立新加坡足球职业联赛，他与团队成员一起努力。后来足球职业联赛终于在新加坡开展起来，郭令裕功不可没。

郭令裕同时也是一位高水准的摄影师，他经常带着相机沉醉在山水之间，用相机记录下美好的一刻。他在摄影方面的出众才华，使他经常拿奖。摄影也是他陶冶情操和磨炼品格的一种方式。郭令裕先生还是新加坡摄影协会的名誉主席。

郭令裕的第一张摄影作品被命名为《荷花》。多年来一直在提升自己艺术创作的境界，2004 年郭令裕出版了一系列摄影集，并举办了多次摄影展、摄影联展。展出了《江南晴雨》《六只眼里的香格里拉》《私密花园》等一批优秀的摄影作品。

新加坡摄影协会会长说过，郭令裕的作品是用心拍出来的，内容非常丰富。大多数的有钱人只是在玩相机，并不是喜欢摄影这门艺术，他对于艺术的追求让我们敬佩。

04 华人社团的领袖

郭令裕不仅是商人，还是华人社团的领袖，受父亲的托付，他在新加坡华人社团服务了21年。后来因父亲身体原因，郭令裕接替父亲担任华人社团的董事长。

1993年郭令裕被推举为中华总商会会长，当时他年仅39岁，为商会历史上最年轻的会长。当上会长后，他对商会进行了一系列改革，如把代表不同地方方言族群的帮派代表组成商会，把实行帮派选举的制度废除，把一直只有男性的董事会引入了女董事，并使中华总商会成为全球最富有的中华商会，等等。

郭令裕不但为中华总商会做出了贡献，还致力于弘扬中华的传统文化。郭令裕是一名成功的华商代表，他对中华传统文化深有感触，对保护历史文化遗迹的义举让人敬佩。他修建恢复了晚晴园，将其改建成了孙中山南洋纪念馆，并请李光耀总理主持了开幕典礼。

晚年的郭令裕同时担任中华总商会名誉会长、新加坡同济医院名誉主席、同安会馆顾问、福建会馆名誉理事，还是中国探险协会顾问委员会委员。

在担任汾阳郭氏公会永久名誉会长时， 郭令裕提议把郭氏宗亲会合并起来，这样可以节省人力财力，向着同一个目标发展。

他认为在宗亲会馆举行的活动大多是重复的，这样的活动浪费了人力、物力、财力，如果要举行活动，最好让大家都在一家会所举办。其他的宗亲会馆就可以租出去，收取的租金还可以用在其他地方。这样既不浪费，也节省了资源，有利于郭氏宗亲会长长久久、世世代代传下去。

在华人社团中，郭令裕杰出的才能使得他不只在商业领域，还在教育、环保、文化以及青年发展领域上脱颖而出，在慈善事业上也做出了很大的贡献，成为大家的表率。在社会各个领域的活动以及他自己的不懈努力，让郭令裕在商界、在华人社团中有着不可撼动的地位。

仅最近几年，郭令裕个人就资助了老家的十所小学，还修建了十多座图书馆。他还把这么多年来自己的摄影作品和画册捐出，筹集了几百万新元，用于支持社会公益项目和慈善事业。2015 年，曾经登上财经杂志《福布斯亚洲》慈善英雄榜。因为他的这些举动，不求回报以及无私的精神，使他多次受到了新加坡总统的赞扬和奖励，2013 年，他荣获了陈庆炎总统颁发的 “太平绅士”的头衔，2014 年新加坡国庆颁奖典礼上，再获公共服务星章。

2015 年 11 月 16 日，郭令裕在睡梦中因心脏病突发逝世，享年 62 岁。他的逝世不啻是华人社团，也是新加坡的重大损失。

Chapter 8

乐坛双子座

——沈炳光和黄任芳

沈炳光 黄仕芳夫妇

沈炳光（1922—），中国福建诏安县西沈村人，先后就读于诏安师范、福建音乐专科学校。黄任芳（1922—），福建诏安人，龙溪师范毕业。1945 年二人结秦晋之好。1947 年春，夫妇双双赴台执教，1974 年沈炳光应聘新加坡教育学院音乐系高级讲师兼任国家剧场音乐导师，从此二人安家于新加坡。沈炳光由于在音乐事业上的发展和成就，被称为新加坡的“合唱音乐之父”。

01 青梅竹马

“爹，您别每次开学都送我了，我都这么大的人了，您就放心吧，没事儿的。您还不相信您儿子啊？”一个正当年、温文尔雅的少年正在向父亲道别。

“没事儿，儿子。你一去上学，就要好长时间才能回来，不送送你，爹不安心啦。”年事已高却精神抖擞的父亲，脸上写满了对儿子的慈爱与期望。

“爹，您放心吧。我一定会听老师的话，好好学习的。我要争取优异的成绩，做有出息的人，您以后在咱们村里就能把头抬得老高老高地走路了。您……”这个少年说得越发激动。

“嗯,儿子,爹相信你。”老父亲有力地拍了拍儿子的肩膀,接着说道,“儿子,你能在这样的时局下喜欢上音乐,坚持那么久,很了不起。爹不管村里面的人怎么说我,我都要供你上学,学你喜欢的。”

“嗯嗯,谢谢爹!”

“傻儿子,跟爹还说什么谢谢,你们好好的,比什么都强。”不经意间,老人红了眼眶。

少年几乎要控制不住眼中的晶莹泪水。俗话说,男儿有泪不轻弹,但是,亲情是每个人心中最柔软的部分。

“嗯,爹,等我有出息了,接您到城里来住。”

“嘿嘿,好,爹还没有住过城里的大房子呢。”老人露出了纯朴、憨厚的笑。

……

这个少年,就是尚未真正成年却已心怀坚定理想的沈炳光。那时候他正在家乡的诏安师范上学。

又是一年的开学日,沈炳光将行李放进宿舍之后,打算去街上看看。

街上的人很多,似乎都在为自己的事情奔波。就在他漫无目的的四处闲逛时,前面一群小孩子背诗句的声音吸引了他。

这群小孩子一共有5人，他们蹲着围成了一个圈，身上的衣服旧旧的，满是补丁，头发乱糟糟的，像一堆杂草，更像是鸟窝，一看就是很长时间没有洗过了。小脸跟小手都黑黢黢的，像是一群流浪孩子。他们手里一人拿了一根小木棍，边背诵诗句，边在地上用小棍比划着。

沈炳光很好奇，他慢慢地走近孩子们。

“山重水复疑无路，柳暗花明又一村。”他看到最大的那个孩子字写得沉稳有力，工整俊秀，不由得念了出来。

这一念倒是不要紧，专心投入背诵的小孩子们被他的声音打断了，齐齐地看向他。他一下子有点莫名的紧张，“实在不好意思，你们背诗背得很棒，然后我就不由自主被你们吸引过来了。”沈炳光也是第一次向小孩子道歉。

“嘿嘿……哈哈……”他们是流浪孩子，从来都是他们向别人道歉，今天还是第一次听到“大人”向他们道歉。

“没关系，我们重新开始就好了，你不要太在意。”说这句话的还是那个最大的孩子。

“你的字很棒。”

“谢谢。”这个大男孩今天不仅听到了别人的道歉，还听到了赞赏，显得很开心。

“你们背的诗是谁教的？又是谁教你们认字的？真棒。”沈炳光问道。

“这都是黄家的那个姐姐教我们的。那个姐姐人很好，还给我们补衣服。”一个很小的孩子骄傲地抢着回答道。

“嗯，是这样的，那个姐姐，每次来都会教我们念一句诗，还教我们写字！”大孩子补充道。

“她最近还会再来吗？”沈炳光开始对他们口中的这个姐姐感兴趣了。

“姐姐说她这几天没空来了，开学她要忙学校的事情了。”

“哦，这样啊。”沈炳光有些失望。

“姐姐昨天走的时候，把以前教给我们的诗句全都写在纸上了，我们老大带着呢，好多好多句了。”感觉小孩子们一提到姐姐，就有很多话想全倒出来跟别人炫耀。

说着，他们拿出来一张纸，上面写满了诗句。纸上清秀的字体紧紧抓住了沈炳光的眼球。他在想，是怎样的女孩子才会写出这样清秀的字？看到孩子们衣服上补丁整齐的针线，在这种只能说“看似和平”的社会，是怎样的女孩子愿意教流浪的孩子背诗句、给他们补衣服呢？

现在的沈炳光已经被孩子们口中的这个姐姐彻底吸引了。

“你们说的黄家就是那边的那个？”说着，沈炳光指了指不远处的一处宅子。

“对的，就是那个。”

从那一刻起，沈炳光决定，他一定要见到这位黄家小姐。

之后的沈炳光每天都要与校友有事没事地“路过”黄家门口。

1天，1周，1个月，都没有见过从黄家走出来的小姐。而那时的沈炳光呢，热情依旧，没有见到，他誓不罢休。

终于有一天，他像往常一样“路过”黄家，习惯性地看向黄家门口，大概是今天幸运女神降临，他终于见到了一个女孩子，齐刘海，红头绳扎了两根麻花辫，拿着一把彩旗，急匆匆地跑出了家门。沈炳光没有看清，女孩急匆匆地跑走了，他想都没想就跟着女孩一起跑。

女孩去街上参加游行,她好像是带头的,带领着一众学生,在台上慷慨地发表演讲，用力挥舞着手中的旗子，带头喊着口号。

沈炳光还是没有勇气当面跟她打招呼。回到了学校，回想着女孩那一幕幕的画面，每一个动作都叩击着他的心弦。

他发现，他喜欢上了这个姑娘——这个善良、进步、大气的女孩子。

她叫黄任芳，他喜欢上了她，他甚至肯定她就是可以陪伴他一生的那个人。

不久，他再一次来到了黄家的门口，这次，他带了一把小提琴。

到了大门口,他站在路对面,忘情地拉起了一段抒情小曲。

悠扬的小提琴声传向四方，优美的旋律、婉转的曲调，吸引了不少人围观。他的琴声一直都没有间断，周围的人越聚越多。他环顾了四周，在茫茫人群中寻找那个独特的面孔。过了好一会，在他准备换另一首曲子时，黄任芳出来了。活泼好动的她一激灵地钻进了人群，好不容易站到了最前面。

她看到了他，他五官精致，眼睛深邃，衣服虽然有点旧，但是洗得很干净，穿着很整齐。他忘情演奏，对音乐同样执着的黄任芳立马沉浸在了音乐营造出的新世界中。她欣赏着美妙的音乐，甚至音乐停止了，人群散了，她依旧沉浸其中。

过了不知多久，她睁开眼睛，发现只剩下对面那个拉琴的男生。黄任芳一下把正在合拍子挥起的手收了回来，脸一下子变得通红，转头就往家里跑，跑的过程中还不忘再看一眼那俊秀的脸。

沈炳光没有预料到，黄任芳竟然这么害羞，他自己也不好意思地抓了抓头。虽然没有说上话，但是，他算是成功了一步。

“黄任芳啊，你刚才丢人丢大了。你怎么能那么沉醉？人都走光了，你才反应过来。”回到家中的黄任芳回想着刚才的一幕，脸还是火热的，心跳依旧是那么快。“刚才很丢人，但是，他的琴拉得是真的好，什么时候能再见到他呢？黄任芳，你怎么可以这么不矜持？但是，他好帅呀。”

第二天，黄任芳在家中收到了一封信，一封署名沈炳光的信。

“我不认识叫这个名字的人呀！”黄任芳边拆信封边喃喃道。

里面有两张纸，第一张只有几句简短的话：“昨天相见甚欢，几只小曲算是献丑了，不知能否博得小姐欢心。遥闻小姐才学甚高，今附一无曲曲，望小姐赐教。”

第二张纸是一首曲谱。

黄任芳拿着这封信，激动之情无以言表。她小心翼翼地把信放回了信封，悄悄藏到了一个小匣子里。她仔细地端详第二张纸上的曲谱，曲谱很简短，她顺着一个个音节哼出了声，发现这是个极好的曲谱。

她静静地拿着谱子，琢磨，逐字逐句，写出了一篇词。

她反复地唱，反复地改，把稿子画了改，改了涂，最终改出了一篇令她满意的词。

词作好了，她开始期待与他的再次相遇。

相同的地点，相同的人，相同的小提琴，琴声从门口传进了家门，传进了黄任芳的耳朵里。耳边一遍又一遍地响起同样的旋律，就是那个熟悉的旋律。黄任芳心心念念的调子一遍又一遍地演奏着，她不由自主地朝着门口走去，嘴里哼唱着由她填写的词。黄任芳走出去，看见了站在老地方的沈炳光正在忘情地拉琴，同时沈炳光也看到了哼唱着歌词的黄任芳。他们会心一笑，但是没有停止，直到一曲结束。

“你好，我叫沈炳光。”

“你好，我叫黄任芳。”

“我知道。”

黄任芳笑了，沈炳光看到她笑了，也开心地笑了。

之后他们边走边聊，他们聊到了理想，聊到了未来，聊到了自己。

“可以和我在一起吗？我知道这样很突然，但是，自从见到你，我觉得以后的人生一定会有你。”

“我，其实……”

“你如果不讨厌我的话，先做我的女朋友吧！”

“……好……”

就这样，他们成了男女朋友，他们一见钟情，他们热情似火。

从此，他们坠入了爱河。

他曾经对她说，他欣赏胡适先生的“三从四得”。“三从”就是太太命令要听从、太太出门要跟从、太太说错要盲从；“四得”就是太太花钱要舍得、太太化妆要等得、太太生日要记得、太太打骂要忍得。他答应在以后的生活中天天会为她铺床，一天都不停歇。他滔滔不绝，她默默微笑。他们的爱情平平淡淡，他们的内心如似火骄阳。

02
“流云”定情

校园的青葱岁月总是美好的，然而现实却会在不经意间给有情人开个玩笑。

一天午后，两人正在一间教室里哼唱着最新的曲子，讨论着一个音段的高低时，门外有个声音喊道：“任芳，有你的信，我给你带过来了。” 黄任芳听到声音到教室外一看，她的同学雪艳正拿着一封信走过来。她急忙迎了上去，想着一定是家里的来信，距离家里上次来信已经3个月了。上次信里写道母亲已经病了数月，一直反反复复不见好转，虽不严重，但也是很让人担心，不知这次来信会不会带来一些好消息。想到这儿，黄任芳接过信，立刻拆开来看，信里说母亲已经好多了，要她切莫担心，好好完成学业。看完第一页，让她内心舒缓许多。翻开第二页，信中告诉她，家里已经为她与程家二公子订了婚约，因两人都在外地求学，故毕业后再完婚。看到这句，黄任芳愣在了原地。

“任芳,你怎么不进来,站在太阳底下会晒黑的,快进来。”

黄任芳听到声音回头望去，原来是沈炳光。黄任芳看着沈炳光，想着两人之间的感情和甜蜜，又想到了父亲订下的婚约，心里难过得不行，眼泪顿时落了下来。沈炳光见状，大步走上前去，问她出了什么事。黄任芳慢慢举起了手上的信，眼睛却更红了。“是你妈妈出了什么事吗？”黄任芳摇了摇头，把信中父亲为她订下的亲事告诉了沈炳光。沈炳光一听也犯了难，现在虽说是新社会了，倡导婚姻自由，但是“父母之命，媒妁之言”的传统观念仍给年轻人的恋爱婚姻带来巨大的影响。

面对突如其来的婚约，沈炳光和黄任芳都乱了方寸。沈炳光看着情绪低落的黄任芳，心里更是焦急，于是他安慰黄任芳道：“任芳，你也别急，毕竟现在还是婚约，距离你毕业还有两年呢，咱们一起想办法，争取你家里人的认可，只是如果退了婚对你的名声不好，对不起，任芳。”“炳光你说得对，咱们先从我爹那里想办法，相信我爹那么疼我，一定不会逼迫我的。还有，你没有什么好对不起的，婚姻自由这是新时期妇女的追求，追求幸福是每个人都有的权利。”

日子一天天在讨论词曲和劝解黄任芳的父亲中过去，事情一切都朝着好的方向发展，与家里经过 3 个月的书信交谈之后，对黄父的劝解似乎起了作用，他不再那么态度坚定地一定要女儿去履行婚约了。似乎好事总是成双的，沈炳光因在校期间成绩优异，又有着良好的任职表现，被升调去南京工作，两人为此高兴了许久。但是沈炳光此次去南京可能要好几年，而且马上就要出发。两人即将分开了，虽然他们彼此信任，但总有些依依不舍。

1945 年，23 岁的沈炳光只身从福建到南京做音乐教学工作，立刻就忙了起来。虽然是在教育机构任职，但是每天的公务却是一样多，还要不时去应酬，厚厚的公文堆在办公桌上就像一座小山，各种复杂的关系也让沈炳光心累不已。每当这时他都期望着黄任芳能够有信件到来，就像烈日下突然出现的一抹树荫，给人少许的清凉与安歇。可是那时黄任芳在龙溪师范大学上学临近毕业，课业也越来越多，每天都忙于课业，也甚少能抽出时间，但是只要一有时间，她一定会给沈炳光写信，偶尔他们也会通电话。一切都是安静美好的样子。但是，一封加急的信打破了这种平静。

这天，正在准备最后毕业材料的黄任芳被告知收信室有她的一封加急信。黄任芳想着可能是沈炳光给她寄来的信，就赶快把材料书写完，取回了信件，打开一看是家里的来信，信上写着让她尽快回家完婚。父亲的态度也一改往常，不容置疑，并且告知已经让人来接她回去了。黄任芳拿着那封信满眼的不相信，她不明白为什么之前明明已经默许她解除婚约的父亲，会突然改变了主意，并且这么着急地让她回去完婚。她急忙给沈炳光去了一封信后，就被家里的人接了回去，然后就被父亲下令待在家中不许外出。沈炳光收到黄任芳的信后，慌忙赶去黄家，却被黄父拒之门外，两人都因此伤心不已。沈炳光看着天上的白云，苍茫朦胧，想到任芳写给他的《借问流云》：“借问流云，如此匆匆，何处去？愿为我到故乡，当她推窗翘首，告诉她，我还是一样的心！借问流水，如此匆匆，何处去？愿为我到海边，当她徘徊沙滩，告诉她，我还是往日的情！”此时的沈炳光泪眼婆娑，心中一股柔情流露，他深深地明白任芳的心和忠贞不渝的爱情，他相信他们会走下去，直到老去。

03

双艺合璧

情投意合的两人，彼此本就有着浓烈的感情，而久在异地分隔，经过刻骨的相思之后重新走到一起，更是浓情蜜意，在生活上他们彼此关心，精神世界中彼此共鸣。1947 年，25 岁的沈炳光、黄任芳终于结为夫妇，双双赴台执教，两人也开始了正式的音乐生涯。

在台期间，沈炳光在黄任芳的帮助下取得了非常大的成就。

1947年，沈炳光到台湾台北师范专科学校任教授，看到学校并没有系统专业的音乐学科，便萌生了筹创音乐师范科的想法。在当时的条件下艺术类的学科并不被重视，许多人甚至认为这是天方夜谭。尽管外界的非议颇多，但黄任芳坚定不移地支持着沈炳光，她明白这不仅仅是一门课程，还是彼此的理想。又一次在会议上遭到质疑和反对之后，沈炳光沮丧极了。看见丈夫如此模样，黄任芳的心中也是极为痛苦。她看着丈夫，轻轻地哼唱起一首外国小调，曲调中的柔情抚慰了沈炳光烦躁的情绪。沈炳光看着黄任芳，会心一笑。他向妻子说出了自己在会议上受到的刁难，那些人让他1周之内写好5首词曲都很动人的作品，并要求作品类型风格不能有太多的相似。其实这也是学校同人对他们创建音乐科表现出来的一种质疑。但提出这样的要求，即使作为一名优秀的作曲人，完成这项工作也是有些难度的，更何况他是教授，每天忙于备课教课，现在搞创作，完全不在状态。

黄任芳静静地听着丈夫的叙述，不时地还轻拍丈夫的手背给予他信心和鼓励，并对丈夫说："嘿，难道你忘了我吗？你要知道你的妻子并不是一个单纯的家庭妇女，她可和你一样是一个痴迷于音乐的人，恰好她还可以在作词上给予你帮助。亲爱的年轻人，你愿意接受她的帮助并与她携手努力吗？”沈炳光被妻子俏皮的话语逗笑了，好像此刻遇见的那些问题都不是问题了。在接下来的1周里，夫妻两人齐心协力，互相安慰鼓励，终于在最后一天完成了5首动人心弦的曲子。这次沈炳光教授用实力证明了自己，会上的人们也同意了沈炳光教授的提议，开始正式筹办音乐师范科。会议的最后，沈炳光教授看着因担忧而不放心，一直陪着自己的妻子，当着大家的面感谢了妻子对自己的巨大帮助。看着夫妻两人深情笃意，众人纷纷送上祝福。两人的浓情蜜意在学校传为佳话。

沈炳光、黄任芳夫妇在台湾的11年里，为台湾乐坛的发展做出了巨大贡献。1952年，沈炳光被推选为台湾音乐学会筹备委员，并当选台湾音乐学会的第一届理事。4年之后，沈炳光被聘为台湾中国青年写作协会音乐委员会主任。1957年沈炳光又出任了台湾教育事务主管机关美育委员会委员，帮助筹创台湾艺术专科学校音乐科。在同年的台湾青年节上，他是万人混声四部大合唱暨300余人的乐队总指挥；之后，他与台湾交响乐团合作，举办了他个人作品的首次专场演奏，受到了音乐界人士的一致好评。

留台期间，沈炳光、黄任芳夫妇为台湾努力推广合唱教学和传播合唱艺术，播下了种子。他们当年的学生，很多成为台湾著名的音乐家和指挥家，他们感谢沈炳光和师母的授业之恩，把沈炳光称为“合唱音乐之父”。众多学生都用自己的人生去践行着老师的教导，继承了老师的志愿，在从事音乐工作的同时，也致力于传播音乐、教育后辈。对于学生们的成就，沈炳光夫妇感到自豪，以他们为荣。

1958 年，沈炳光夫妇离开台湾赴当时的英属地北婆罗洲担任教职。英属北婆罗洲也就是如今的东马沙巴州，位于中国大陆和北澳之间，包括文莱，马来西亚的沙捞越州、沙巴州和纳闽岛，印尼的加里曼丹和菲律宾南部的岛。沈炳光负责民谣的采集，黄任芳负责记录和整理。夫妻两人还常常根据采集的民谣曲调填上具有当地民族特色的词，创作了许多优秀的作品。例如，《美丽的拉让江》《云顶小夜曲》《寡妇山翠千重》《美丽家园》《处处是天堂》等，尤其是他早期的作品《冬夜梦金陵》《牧童情歌》，至今仍受到歌迷的喜爱和传唱。

1963 年 8 月，沈炳光代表当地文化团出席了由新加坡政府主办的首届东南亚文化节，担任了文化团在新加坡国家剧场演出的指挥。1966 年，创作了植根于当地传奇故事的《苏嘉丽啊，苏嘉丽》新型歌舞剧，在沙巴首府哥打京那巴鲁沙巴学院汤堡大礼堂首演，一经演出，广受称赞，获得了当地教育部的褒奖。1968 年，沈炳光先后赴美国纽约州立大学和加拿大、日本，以及中国的台湾、香港地区考察研究。1970

年，沈炳光出任沙巴哥打京那巴鲁建国中学校长。在这些过程中都有黄任芳教授的身影。有人说，陪伴是一种温暖人心的力量，给人信赖的依靠和惬意的芬芳，而黄任芳教授用她的陪伴践行着“生死契阔，与子成说。执子之手，与子偕老”。沈炳光于 1974 年应聘新加坡教育学院音乐系高级讲师和国家剧场音乐导师，夫妇俩从此安家于新加坡。

沈炳光、黄任芳夫妇是“乐坛佳偶”，携手合作近 60 个春秋，以妇词夫曲的创作形式，创作了 130 多首艺术歌曲。1993 年出版了经典之作《借问流云》专辑录音带。2000 年，又出版了《诗乐和鸣》VCD 版歌曲作品集。作品集是他们天衣无缝合作的完美结晶，具有极高的艺术价值。沈炳光如今依然是新加坡作曲家协会的名誉会长，他的作品形式多样，不仅有独唱曲，还有合唱曲、室内乐及歌剧等多种艺术曲目，作品的风格质朴独特，让人耳目一新。沈炳光夫妇不仅是中国台湾、香港地区和新加坡、马来西亚音乐界的播种者，还是这些地区音乐发展的极大推动者，他们的努力和贡献是不可磨灭的。黄任芳还担任新加坡作家协会理事，除了小说创作之外，还醉心于新旧诗词的写作。她的歌词细腻温馨，清新脱俗，在字里行间给人一种如沐春风的温暖。夫妻俩一个是近水楼台先得月，一个是高山流水遇知音，吟词颂曲，聆听哼唱，好不快活。就像那“金风玉露一相逢，便胜却人间无数”，从此满心期待满心欢喜，就为那一瞬间的情绪激荡。

新加坡词曲版权协会主席曾贵明曾对他们由衷地赞叹：“壮哉，双艺合璧，珠联璧合！”

04 难忘乡情

“浮云游子意，落日故人情。”离家数载，纵然外面的世界海阔天空，也不及家乡的一草一木、一汪清水、一间木屋。伟岸的高山，波光粼粼的溪水，儿时的欢声笑语，青年的壮志凌云，一幕幕都呈现在沈炳光、黄任芳的脑海里。他们虽然生活在异国他乡，却难忘乡情，以中华民族的优秀传统文化传承并寄托着他们的乡愁。

在《诗乐和鸣》中他们写道：“有海水的地方，就有华人的足迹；有太阳的地方，就有华人的光芒。华夏子孙，胸怀坦荡。中华文化，源远流长。”词曲中字字珠玑，展现着中华儿女的铁骨柔情。

1991 年，中国第四届当代诗词研究会召开，沈氏夫妇应邀参加并给大会谱写开幕曲《苍苍八桂动天声》。随后，他们风尘仆仆地到上海主持上海音乐学院的音乐会，这是学院专门为沈炳光教授举办的个人声乐作品音乐会。会后他们返回闽南漳州与家人团聚，并出席漳浦荔枝品尝会。甜甜的荔枝，一如既往，还如孩童时的味道，让人怀念。“露从今夜白，月是故乡明。”他们乡愁难却，乡情难改，每次应邀回国，没有特殊原因从不拒绝，长途跋涉也不能阻挡他们的乡情。

他们的组歌《唱出传统》，词曲描述了中华民族的 9 个传统节日，总共 9 曲，词曲意境深邃，优雅大气，一幅五彩缤纷的画面油然而生，令人陶醉。他们结合传统节日，创新思路，展现独特的曲风，深具民族文化的韵味。

我们每个人都不是无源之水、无根之木。我们有一个土生土长的地方，它的名字叫中国。不论走多远，我们就像带线的风筝，而中国便是那牵线的人。沈氏夫妇走遍天涯，不忘根本，他们秉持优良的民族传统，宣扬源远流长的中华文化。

沈炳光在 80 多岁时回到家乡，气色红润，谈吐优雅，思维敏捷。他一脸慈祥，眼睛弯弯地笑着说道：“这次我带着儿孙回来，认识一下故土，熟悉一下亲友，让他们明白无论飞多远，这里永远是他们的根。我们是炎黄子孙，不仅要自己走出国门有所成就，也要为中国走向世界，为振兴中华肩负起我们的责任和担当。”

常言道：“孩子是爱情的结晶。”沈炳光、黄任芳有两子两女，均毕业于名牌大学，事业有成。

黄任芳和沈炳光的孩子们受其影响，不仅有极好的音乐天赋，还深得父母的教诲和潜移默化的影响。他们的子女分别在美国、澳大利亚、新加坡和马来西亚工作、居住，个个奋发有为，事业有成。还有这样的一段佳话，沈炳光似乎命中注定是一位音乐大师，功成名就。他曾拿出一张当年穿军装的旧照片给采访自己的记者看,照片上的沈炳光血气方刚，英姿飒爽。他还说，尽管他对音乐有兴趣，但当年抗战时，更愿意为国家奉献自己的力量，所以选择了当兵，结果被拒绝了，因为体重不够。1940 年他考进国立福建音乐专科学校后，跟随当时的校长以及众多知名教授学习音乐，这为他日后在作曲方面的造诣奠定了基础。之后，他参加了南京励志歌剧团，跟随俄籍作曲家研习作曲，新型音乐剧《孟姜女》便是在其指挥下演奏的。

沈炳光夫妇有一个国际大家庭，儿孙 20 来人，来自不同的国家，有美国、澳大利亚、英国、马来西亚等。他带着这个国际大家庭回到故乡，在诏安去看了祖屋、祖墓和他小时读书的学校。儿孙们很动情，洋媳妇和洋女婿都认认真真地录了像，说是要把它带回到居住国，让亲朋好友、后辈儿孙也有机会看到祖籍故地的大好风光，不忘故乡。

谈到自己的孙子们，沈炳光夫妇喜形于色，春风得意地说起他们的4个孙子在澳大利亚昆士兰州布里斯班参加当地乐队，组织家庭弦乐四重奏团，骄傲与自豪之情溢于言表。沈炳光、黄任芳夫妇有一个幸福的国际大家庭，这是他们夫妇甜蜜的婚姻和成功的事业的最好见证。他们一生从事教育工作，桃李满天下。同时，又钟情于词曲创作，夫唱妇随，比翼双飞，谱写了一曲琴瑟和鸣的人生乐章！有诗赞曰：“诗乐和鸣比翼飞，情深鹣鲽两相依。妇词夫曲真楷范，称誉艺坛享晚晖。”

Chapter 9

华语小说的先驱

——黄孟文

黄孟文
華人文学家在
作品中以小見大

黄孟文（Wong Meng Voon，1937—），新加坡华裔著名小说家。中学读完后做了一年的教员，之后到南洋大学学习，因为成绩突出又被送到新加坡大学攻读硕士。毕业后被安排到政府部门工作，政绩突出。几年后考入了美国华盛顿大学，攻读博士学位。黄孟文博学多才，著作颇丰，小说代表作有《再见惠兰的时候》《我要活下去》《黄孟文微型小说自选集》等，同时还编有多部选集，如《东南亚华文文学大系·新加坡卷》和《新马华文文学大系》等。他是首任“新加坡写作人协会”会长，首任“世界华文微型小说研究会”会长，首位新加坡文化部颁发的“新加坡文化奖（文学）”获奖者，首位也是唯一一位多篇作品被翻译成外文的本地作家，被学界誉为“全能的文学家”。

01 艰苦的成长环境

黄孟文1937年7月23日出生于马来西亚，祖籍中国广东梅县，父母都是地道的中国人。为了谋生，父母远下南洋到马来西亚寻求工作机会并在异国扎根。为了给黄孟文更好的物质生活和学习环境，父母每天早出晚归做各式各样的工作，且多是辛苦活。因为不是本地人，父母在这里受到了各种歧视，也常常被人欺骗，做完工不给钱是常有的事。他们除了忍气吞声也没有其他办法，只是每天更加想念自己的祖国，思念与自己血脉相连的故乡亲人。

一天，父母早上做好饭后又出去做工了，小孟文起床后没什么事可做，便想着去父母工作的地方看看。他找到父亲之前留给自己的字条，上面有他们做工的地点。他沿路边问边走，等到了父母工作的地方时已经是中午了。夏日的太阳灼热得很，小孟文觉得自己都快要被烤化了。只是在他看到父母的那一刻，全身上下像是被人泼了一盆冷水，从头到脚只感到彻骨的冰寒。父母在一片农场地里拔杂草，汗水已经打湿了他们的衣服。望着农场里漫无边际的杂草，黄孟文留下了眼泪。他跑过去帮父母拔草，心里暗暗发誓自己以后一定要出人头地，让父母过上好日子。自此他更加刻苦地学习，成绩一直名列前茅。

由于家境贫困，再加上自己非本地人，异国读书的黄孟文经常受到同学们的欺凌，老师也不是很喜欢他。虽然他的学习成绩很好，可是没有同学愿意和他交朋友。有一次学校里组织考试，黄孟文像往常一样在考试的前几天学习到很晚。卷子发下来后他开始认真地做题，突然后面有同学跟老师说他作弊，老师过来后在他抽屉里拿出了一张纸条，上面有课本上的内容。黄孟文跟老师解释自己并没有写过这个纸条，不知道是谁放在他的抽屉里的，可是老师根本不相信他，不仅收走了他的试卷，还叫来了他的家长。他觉得很委屈，非常伤心，好在他的父母听了事情的前因后果后选择相信自己的孩子。后来陷害黄孟文的同学承认是自己做的，还说了这样一番话："就算我不把纸条放在你的抽屉里，你以为老师就会相信你吗？如果老师真的相信你，也不会不听你的解释就叫来你的家长。别忘了老师根本就不喜欢你，这里没有人喜欢你的。"因为这件事，黄孟文开始变得孤僻，不管发生什么都不愿再解释，毕竟解释也没有用。

黄孟文在马来西亚长大，但从小父母便教他说中文，跟他讲在中国的经历，给他描述中国的大好河山。幼小的孟文最先了解的是北京这个城市，登上延绵不绝的长城是他的一个梦。小孟文在父母的影响下爱上了未曾到过的有着悠久历史的中国，他心里深刻地印着一句话：我是中国人。父母告诉小孟文长大后一定要回到自己的祖国,那里才是他们的根，在那个遥远的国度他们有一个永远的家。也许在物质方面他们是穷苦的，但在精神的世界里他们却是富足而高贵的。他在父母对祖国深深的思念中逐渐长成一个玉山般的青年，同时他也向往着回到自己的祖国。

在他还是个年幼的孩子时，他所成长的土地上爆发了战争，日军大肆进攻马来西亚，屠杀了无数无辜的群众，甚至不放过年迈的老人和刚出生的婴儿。他每天跟着父母四处逃命，飞机的轰炸声、无尽的枪声让村里人恐慌不已。他看到痛失孩子的父母肝肠寸断；看到百姓们骨瘦如柴，生不如死；看到自己所生活的地方只剩残垣断壁。这些给他的幼小心灵带来了极大的震撼，他活在痛苦之中。他恨凶残暴戾的日本士兵，他恨惨无人道的无休止的战争。

房屋在战火中崩塌，众多建筑物化为一片瓦砾。裂开的大地似乎喷着火焰，烟与火焰弥漫在一片废墟之上。前一刻还活得快快乐乐的人，瞬间化为冤魂。这一幕深刻地印在黄孟文的脑海里。他想忘记这段痛苦的回忆，奈何越是想忘记，场景却愈加清晰。他开始整夜整夜地做噩梦，梦里自己从小玩到大的玩伴和敬爱的老师总是满身鲜血地站在他的面前。直至多年以后他想到那些画面，依然被强烈的恐惧感笼罩着。或许只有那些对这场灾祸已失去意识和感觉的人，才是最幸福的，而留下来的人往往陷入痛苦之中，不得解脱。

年少的他本该无忧无虑地过着校园生活，只是残酷的战争、特殊的生活环境让他失去了童年应有的快乐，也让他似乎一夜间迅速长大。这样的经历对他来说是无比痛苦的，即使过去多年也依然难以释怀，同时这段经历对他来说也是弥足珍贵的，为他日后的学习创作和人生观的形成奠定了深厚的基础。

02

文学路上遇知音

黄孟文从小热爱文学，在父母的影响下，他对中国的文学作品产生了浓厚的兴趣。5 岁的时候，父母每天晚上给他讲一些中国古典小说里的故事，黄孟文最喜欢的就是《西游记》。他非常喜欢孙悟空这个人物，不管是孙悟空好打抱不平的性格，还是他敢于斗争的精神都让小孟文感到深深的震撼，而孙悟空对唐僧的忠心更让小孟文感动不已。他在家里还时常模仿孙悟空进行表演。由于家里有大量的中国文学书籍，酷爱读书的黄孟文时常翻阅。少年时期黄孟文读了《红楼梦》，他为作者行云流水的文笔所着迷，将《红楼梦》反复阅读多次，并查阅了作者曹雪芹的大量资料。

上中学时他一有闲暇便待在图书馆，图书馆丰富的藏书对他有非常大的吸引力。在这里，他对世界各国的文学都有了一定的接触与了解。他熟读了莎士比亚、马克·吐温、罗曼·罗兰等作家的原版作品，并对这些作者进行深入的了解，其中对他影响最大的是罗曼·罗兰的《约翰·克利斯朵夫》。大量原版作品的阅读让黄孟文的英语水平也有了很大的提高，被同学们选为高中毕业特刊的主编。

1958 年，黄孟文凭借优异的成绩考入了南洋大学。在大学里他积极参加各种社团组织，有关文学的社团活动总是少不了他的身影，并因此认识了一群志趣相投的人，成了朋友。其中对他影响最大的是作家周粲，他说服黄孟文一起创办了《大学青年》杂志，这个杂志对当时的大学生产生了很大的影响。1962 年，黄孟文从南洋大学毕业，开启了自己的职业生涯。刚开始他在《民报》担任副刊编辑。他热爱自己的事业，对待工作的态度非常认真，自己的业绩也非常突出。报社的工作让他有更多的机会与世界各国的文学接触，同时认识了更多志同道合的朋友，这段经历也让他受益终生。1963 年，他被分配到一家中学做历史老师，主讲中国历史。由于自幼的学习和丰富的知识，再加上幽默诙谐的语言，他的课讲得十分精彩，吸引了大批学生，不少学生由此对中国文化有了浓厚的兴趣，并立志从事这方面的研究。

1964 年，黄孟文到新加坡大学进行深造。他珍惜这来之不易的机会，更加努力地学习，时时争第一，每年都获得奖学金，尽量为家里减轻负担。黄孟文毕业后被分配到了政府部门做高级行政官。他严于律己，秉公处事，竭力为当地人民服务，久而久之，人民非常爱戴他。当然，他并没有懈怠对文学的研究，每日业余的时间都用来阅读和写作，这段时间他的文学知识得到了进一步的积累。

1970 年，黄孟文考取了华盛顿大学，赴美深造。他的学习态度依旧认真，课余时间全部在图书馆度过，华盛顿大学的藏书极其丰富，学术气氛也异常浓厚。黄孟文在美国对文学有了更深的认识，同时学习了多种语言。

20 世纪 60 年代初，黄孟文迁居到了新加坡，在一次朋友聚会上结识了作家陈华淑，二人意趣相投，相见恨晚。不久，他们便确定了关系，开始了一段美好的恋情。

有一次，陈华淑过生日，一早就期待着黄孟文的礼物，可是他似乎把这件事忘了，一整天连一句生日快乐的话都没有说，这让陈华淑非常伤心。晚上一起吃饭时，陈华淑一点兴致也没有，眼泪都要掉下来了。这时黄孟文拿出了一个精致的盒子，盒子里面是陈华淑一直想要的一款项链，陈华淑被这一举动深深地感动了，刹那间一天的委屈、悲伤、哀怨都消失得无影无踪。还有一次黄孟文在外地参加文学研讨会，前前后后得 1 个月的时间，去了几天后，他开始想念陈华淑。于是他给陈华淑写了封信以诉相思之苦，陈华淑收到信后心里异常难过。她也牵挂着外出工作的黄孟文，这封信更是击中了她柔软的内心。她立即放下手头的事情，一个人坐了整整一天的车才到达目的地。当黄孟文看到她的时候着实吃了一惊，随即陷入了深深的自责与内疚中，同时也为她的真情所感动。

经过 5 年的恋爱长跑，他们步入了婚姻的殿堂，这对他们彼此来说都是人生中最为欢乐的时刻。他说“你是我的骄傲”，她说“从此我们再也不要分开”。他们都将彼此当作支点，看作生命中不可缺少的一部分。

他们因为共同的爱好走在一起，因为喜欢文学，都成了作家。黄孟文的作品多是微型小说，而陈华淑的兴趣是散文。他们会去读同一本书，而后写下笔记和读后感，并时常讨论文章中好的写作方法和优美的语言，这已经成为他们的日常。黄孟文时常将自己的创作拿给陈华淑看，让她提些建议，帮忙修改。

他们还经常在一起谈论读过的中国文学，他们会一起幻想巍峨的长城上人来人往的景象，也会把小时候父母讲的在中国的经历说给对方听。两个人在异国他乡紧紧地依靠在一起，在他们的心里，对方已经成为自己的精神支柱。

03

与众不同的创作风格

在长期的创作生活中，黄孟文形成了与众不同的创作风格。他善于从前人那里汲取养分。对于一些知名作家的文学名著，他总是怀有莫大的钦羡之情，虚心向他们学习。在黄孟文眼里，那些文学大师的作品所采用的每一形式，所描述的每一意象、每一情愫，都具有新奇的魅力。那些为人类思想奠基的普通道理，值得后来者学习。

但是，后来者不能满足于此，必须超越前人。在黄孟文眼里，日久天长，一般性的论题或诗情便余意殆尽，就像钱币在流通过程中渐渐磨损了一样。尤其现实的社会生活本身也变得更加繁复多样，在他的头脑中形成更加独特的思想和观念，不可能再用与此不相调和的另一时代的精神与矫揉造作的文字来表现。必须有新的思维、新的方法和新的形式，把作品表现出来。他认为，真正反映生活的文学作品才具有荡魂销魄之力，矫揉造作的“纯洁”则使人不快以至于厌恶。黄孟文崇尚的品质并不只是天真单纯，他还要把自己的思绪和梦想表现得更加现代、更加清晰一些，所用的词语和表达风格也更要时尚，甚至更为繁复一些。黄孟文生动地描述，文学就像一天那样，有早晨、中午、傍晚和黑夜。人们是选择黎明，还是薄暮，不能靠空口说白话，而是要用画笔和颜色齐全的调色板，充分表现出所处的那个时刻的全部色泽。夕阳有夕阳的美，在蓝宝石般的天空中，融入了赭铜色、青绿色和金黄色等色彩，最后化作天边的一场“大火”，那烧透了的层云，有如即将倾倒的凌空的巴别尔塔，仍然美不胜收。

黄孟文对文学的审美和喜爱总是眼光独到，别具一格。在别人眼里的“颓废”，在他看来也可以是一种文学风格，而且表现出一种偏爱。他认为，这种风格是一种极其成熟的艺术，注定了它的文学特征：独特，复杂，机灵，委婉多姿，妙趣横生；术语的借用、色彩的调和、音调的多样，力图表达最难以捉摸的思绪和转瞬即逝的模糊影像，谛听自己深处的心声，忏悔引人堕落的情欲和固执到趋向疯狂的奇思异想。这种“颓废”的风格是“万词之词”，可以用来表达一种警醒，不应排斥。

黄孟文以创作微型小说见长，其作品在中国的报刊上也时有发表。2008 年 12 月《黄孟文微型小说自选集》由上海文艺出版社出版。黄孟文的小说中最让人过目不忘的，是那些应该同情的不幸者与理应鞭挞的丑恶者。小说《疑云》中的小英，5 岁的她走进舅舅家，就好像刘姥姥走进了大观园一样，什么都感到新奇。她第一次见到呼拉圈、照相机与生日蛋糕，竟不知是什么东西。小英向往过表妹露茜那样拥有几百种奇异的玩具与“摇屁股”的红圈子的生活，但那样的生活只能在“甜蜜的梦”中去寻觅。《桂英姐姐》里的桂英终身不嫁，含辛茹苦地供养弟弟麟仔读书，后来弟弟发迹了，才邀马来西亚的姐姐到新加坡来相会。当桂英明白了弟弟邀她来的真正目的后，她像一个被损害被污辱的女人一样哭了。作家以画龙点睛之笔写她在梳妆时映照出来的“灰白的头发”、“左眼球中央的网膜状白点”与“眼角的鱼尾纹”，这些肖像特征深深撞击着读者的心，使读者联想到桂英的无私奉献与弟弟的冷酷无情，从而产生出愤愤不平之情。

笔法多变，不拘一格，挥洒自如，这也是黄孟文创作的一个特色。在创作方法上，黄孟文是主张百花齐放的。新加坡地处欧亚交通的要冲，是中西文化的一个大熔炉，有它特殊的历史背景和社会背景。他主张，新加坡的文学不能不具有亚洲特有的色彩，但也必须从先进的欧美文学中汲取适当的养料，大可不必局限于一种单元的“主义”和写作方法。在黄孟文的作品中，不论是正面入手还是反面着笔，既保留了现实主义的创作方法，也吸收、融入了现代主义的写作技巧，既重视典型环境的刻画、各色人物的塑造和生动的细节描写，也很重视心理描写，喜欢运用暗示、象征、变形、荒诞，以及寓言幻想等手段和技法。

黄孟文敏锐地观察和捕捉到了新加坡在急剧的社会发展中，从思维方式、生活方式、社会活动方式乃至道德观念、价值取向等方面的深刻变化，表现出可贵的忧患意识和高尚的审美情趣。

04

追求艺术的永恒

黄孟文著作颇丰，小说代表作有《再见惠兰的时候》《我要活下去》《昨日的闪现》《安乐窝》《学府夏冬》《黄孟文微型小说自选集》等，同时还编有多部选集，如《亚细安小说选集》《赤道边缘的珍珠》《东南亚华文文学大系·新加坡卷》《新马华文文学大系》等。他还发表过很多论著，比较出名的是《宋代白话小说研究》和《新华文学评论集》。后期致力于为海外文学和中国文学的交流贡献自己的力量。他是首任“新加坡写作人协会”会长；首位新加坡华、巫、英、印 4 个语种文学的提倡者，首先在作协刊物举行 4 个语种作品笔谈，首次率领 4 种语文作家代表团访问中国；首届“春兰 · 世界华文微型小说大赛”的协同创办者，“首届世界华文微型小说国际研讨会”发起人，首任“世界华文微型小说研究会”会长；首位新加坡文学史编撰者，与徐栖翔教授联合主编《新加坡华文文学史初稿》；首位新加坡文化部颁发的“新加坡文化奖（文学）”获奖者，首位也是唯一一位多篇作品被翻译成外文的本地作家，被学界誉为“全能的文学家”。

在黄孟文的文学实践和研究中，他一直认为，作为一种艺术样式，文学与音乐、雕塑等艺术有共通之处，如都以塑造艺术形象为表达的中介，对艺术形象的塑造虽然有直接的方式如绘画、雕塑，也有间接的方式如音乐、文学作品，但是无一不是通过艺术形象来表达人的艺术感悟和人生感悟的。

他认为，感悟艺术的主体应是民族的审美意识，而不是死板的理论性的知识。审美意识在实践中产生，它源于人们发现美的心灵，是真理的实际体现。许多人把他们对艺术的感悟通过内心传达到文学作品中去。因此，追求艺术的本质不是说去追求事物本身的艺术价值，而是追求通过这一过程提升内在的真正价值。对同一种事物，不同的人会有不同的想法，比如有的人非常喜欢雪，他们欣赏雪的洁白无瑕，喜欢在雪中盛开的梅花；可是有的人特别厌弃雪，他们觉得雪明明是世间最脏的东西，却偏偏装作一副无辜纯洁的样子，人们一踩过，就暴露了它的本质。其实并非雪不美，只是这些人只看到了它缺陷的一面，缺乏审美意识，因此不能感悟到高雅的艺术。

民族审美意识并非一成不变，它会随着时代的进步不断朝前发展。它存在于每个人的眼睛里、耳朵里、心里，用以发现身边的艺术。艺术家多通过这种方式积累写作素材，进行更深层次的创作。黄孟文经常观察身边的事物，总是能细致地察觉出一些微小的变化。因为善于观察，他能发现很多常人不易发现的美，这些都对他的写作有一定的影响。当看到一扇门，他不仅会观察门的样式，还会去看锁的类型，这就使他在创作时有了更多的思路。

真理都存在于艺术之中，当然这里的真理不是相对的，而是绝对真实的。万物皆有灵性，所谓的灵是以物在世间的存在为基础的，而赋予万物灵性的恰恰是艺术这个媒介。艺术的重要性可见一斑。

作家都追求永恒。在黄孟文看来，要想化有限的生命为永恒，只有一个途径，那就是艺术。艺术世界里没有时间性，是不依赖真实而永恒的存在，这也是艺术作品往往比其创造者更真实、更美丽、更生动的原因，因为艺术的创造者是无常的，生生死死由不得己，总有生命画上句号的那一天。和艺术作品比，艺术创作者自然显得没有生气，他像作品的影子一样，作品的光辉完全把他遮盖住了。艺术家就像母亲，艺术作品就像孩子，艺术家必须像母亲为孩子服务一样献身于艺术，这样他才能像母亲的生命在孩子身上得以延续一样获得永恒。

艺术之所以永恒，是因为它把生活的矛盾统一了起来，处于一种最和谐的状态中。生命是以二元对立的形式展开的，然而作为现实生活提炼品的艺术则可以消解这种二元对立，把事物的两极统一起来。

对黄孟文来说，一切事物都是无常的，生命也是如此，要想化无常为永恒只有一条捷径，就是艺术。艺术的作用不是保持现实生活的原状、保持住生活本身，而是精神。血肉与精神的完美结合，才是艺术要达到的完美境界。

一带一路

Chapter

用笔传播真善美

——尤今

尤今（You Jin，1950—），新加坡华裔女作家，原名谭幼今，出生于马来西亚怡保的一个军人家庭。8 岁那年，举家迁移，在新加坡定居。在她小学尚未毕业之际，就已经读了大量中国古典名著，深厚的文学底蕴为之后的创作奠定了扎实的基础。小学五年级时，尤今通过刊登在报馆“学生园地”的一篇名为《我想做个小小童话家》的习作正式“出道”。尤今以写游记小说见长，作品细腻、真实、真诚、真挚地反映了现实生活里的人和事。主要作品有《沙漠中的小白屋》《迷失的雨季》《那一份遥远的情》《浪漫之旅》《太阳不肯回去》《尤今小说精编》等，截止 2018 年尤今已出版小说、散文、小品、游记、报告文学等 180 多部。她是新加坡、马来西亚、中国、中国台湾地区等地多家报刊的专栏作家。1991 年获第一届“新华文学奖”，1996 年获第一届“万宝龙——国大艺术中心文学奖”。

01

跨越时空的对话

尤今的父亲是一名军人，从小对尤今的教育也带有军事化管理的色彩，这样的教育是为人父母的良苦用心，塑造了尤今的性格。在《背后那双眼》中，记述了尤今与父亲之间发生的一件小事。中学二年级时，尤今还是一个终日沉浸在文学海洋中，与现实世界始终保持一种疏离感的小女孩，无论是对于世界的认知，还是人与人之间的交流，她都习惯于通过文字这一中介进行表达。就在此时，她看到了《南洋日报》中有一个服务版面是用来让读者免费刊登“征求笔友启事”的，这对于当时的尤今来说有着极大的吸引力。大量的阅读不仅丰富了她的思想，也使她拥有了一个有趣的灵魂，还促使她得以写出无比绚丽的故事。但对于一个创作者而言，优美的文字需要被赏识，或者说那种一对一的倾诉更能激发创作的欲望。为此，她迈出了那一步，以“漪佩”为名在报刊上刊登了一则“征友启事”。以笔会友的启事刊登后，尤今便陷入了焦急的等待中。终于在两周后的一天早上，尤今刚踏出房门便被父亲叫住，面对父亲那张仿若发霉面包的脸，在他严峻的目光注视下，尤今战战兢兢地承认“漪佩”便是她用来征友的笔名。严厉的父亲不允许这样的事情发生，在接下来的一周中，父亲代尤今接收了所有的信件，并且当着她的面一封封地拆开、阅读，然后用橡皮筋捆住，让她拿出去丢掉。这件事给尤今留下了很深的印象，在之后的回忆中首先浮现的便是当时那个瘦小的背影，站在垃圾桶前将一捆捆信件丢进去，眼中满是怨恨与泪水。但那时的尤今不知道，在她身后始终有一双充满关切的眼睛在注视着她，仿若明灯一般，照亮她前行的道路。父亲的爱总是如此沉静，但又无比强大。他怕年幼的女儿无法分辨是非，便亲自出手去阻止回信，这是出于那种与生俱来的父亲的责任感。但天下哪有不心疼女儿的父亲,背后那双眼睛里装满了对于女儿的疼爱，而这份感情在尤今为人母时才有深切的体会。她会用同样的目光去注视自己的孩子，或许这就是人类最原始的情感。

2015 年，尤今将父亲在第二次世界大战当中所写的战地日记整理成《父亲与我》一书，并正式出版。从这部书中尤今了解到了父亲真实的成长经历，也让我们看到了一个为守护国家而勇敢战斗的英雄。整理文字的过程也是她理解父亲的过程，在那一刻或许她才真正理解年幼时父亲的严厉，也是在那一刻尤今与父亲看到了同样的风景。

02 现实主义的小说

尤今是科班出身的作家。她于 1972 年考入了南洋大学中文系，并于一年后拿到中文系第一等荣誉学位。大学四年对文学写作系统的学习，为尤今之后的文学创作打下了坚实的基础，而之后在国家图书馆的工作经历使尤今有机会阅读到世界各地的书籍，拓宽了她的文学眼界，也形成了尤今独具特色的创作风格。

在图书馆工作 3 年后，尤今于 1976 年转入《南洋商报》担任外勤记者，后曾调任副刊编辑。工作的 7 年间，尤今主要负责的是社会新闻方面,这使她可以深入普通百姓的生活，体悟人情的冷暖，洞悉社会不同阶层的生活状态。文学首先是人的文学，而作家也首先应该了解真正的生活到底是什么样子，只有真正接触到生活的本质，写出来的作品才具有饱满的血肉。记者职业的特殊性，使得尤今可以接触到社会的黑暗与光明，使她能够切身体会到普通人或喜或悲的情感，这为她之后的写作提供了源源不断的素材，也成就了她在现实主义创作道路上的独特风格。

1980 年离开报社后，尤今去了沙特阿拉伯，并且在那里住了一年。正是这段特殊的旅程，开启了尤今之后围绕异乡人所创作的一系列写实主义小说以及极具代表性的尤今式游记。试想如果尤今没有去往沙特阿拉伯，而是按部就班地在报社工作，那她可能会成为一名成功的记者、编辑，但绝不会成为一名优秀的作家，或者说是充满自我风格的独树一帜的作家。因为作家不仅要对文字有着高超的驾驭能力，而且更要对生活百态有着极度敏感的神经。想要真正将文学写作当成生命的支撑，那就需要作家寻找到属于自己的创作特点，形成自己的文风，正是由于旅居沙特阿拉伯的经历让尤今可以找到一个抒发自己文学情怀的出口，也是这段经历促成了之后《沙漠的噩梦》的完成。

尤今的异乡人系列所描写的都是真人真事，每个故事都真实地发生在作者的周围，也正因为如此，每个故事才具有活生生的震撼力。尤今小说的写作特点可以概括为“真善美”。其中“真”是指情感的真实，可能故事经过了戏剧性的加工，但其中所包含的感情温度一定是真实可触的；“善”是指小说整体的价值导向一定是引人向善的，它可以描写一些社会阴暗面，但最终的落脚点一定是发人深思且积极向上的；而“美”则是指文辞的优美，语言的贴切。

1981 年从沙特阿拉伯回来后，尤今正式成为一名教师。这让她拥有了较为宽裕的时间来进行创作；同时，通过教学尤今可以深入年轻的学生群体，了解他们的想法，这也为之后关于新加坡人系列的小说创作奠定了基础。

尤今的小说除异乡人系列外，另一个占很大比重的便是新加坡人系列。在这个系列中，尤今着眼于当时的新加坡民众，当然也包括她自己，就一些广泛存在的问题，取具体事例进行戏剧化加工。她希望通过这些故事去反映一些社会问题，而不仅仅是将文学束于“空中楼阁”。这些小说反映的问题十分广泛，有教育问题、家庭问题、社会架构问题等等。难能可贵的是她可以着眼于微小，通过掀开冰山一角去触及更深层次的矛盾，用一个个具体可感的故事去讲述一个个振聋发聩的道理。

03
尤今式游记

从教师岗位退下来后，尤今并未搁笔，而是为多个杂志专栏供稿。尤今这时的写作已经非常的成熟，主要的写作文体也从小说转入到小品文、散文和游记上。其中尤今式游记是其区别于其他作家最为重要的一个标志，到 2017 年她游历了 110 多个国家和地区，足迹遍布五大洲。尤今式游记最显著的一个特点便是，在她的游记中绝大多数都是人物游记，她每到达一个地方就会特别关注当地人的生存状态，因为她认为风景是一成不变的，而人却在发生着变迁，只有通过描写人物才能体会到这片土地独具的韵味和风貌。人创造了文明，所以要想了解一个地方的文明就必须从人物入手。

尤今反复提到她写游记最重要的一个原因是想要促进世界各国人与人之间的了解。纵观人类历史，爆发的大规模的国与国之间的战争，归其原因都在于不了解彼此。尤今希望通过文字，架构起一座交流的桥梁，国与国之间可以相互了解，减少因为误解而产生的纷争，各国人民可以友善而和谐地相处，进而促进文化、艺术、科技的交流。各种文明之间可以互通有无、相互促进，整个人类文明也将达到一个新的巅峰。

尤今在去西班牙旅行时，曾对吉普赛人有过一段非常独特的描写。到过西班牙的人肯定对西班牙众多的吉普赛乞讨者有着极其深刻的印象。如果你不给钱，他们就会一直将那双黑乎乎的手伸在你的面前，直到你妥协投降。而当你给钱了事想走之际，下一群嗷嗷待哺者已经挡在你要离开的路上了。试想一下，作为游客的你本来准备好好欣赏一下美景，却因为这样一群吉普赛人阻挡了去路，那该是一件多么扫兴的事呀！尤今当然也毫不意外地遇到了乞讨的吉普赛人，起初她也非常恼火，认为他们没有丝毫的廉耻之心，身体健全却好吃懒做，只等伸手向别人讨钱。但之后发生的事情却让尤今转变了态度，她开始同情这个群体。西班牙西部有一个叫格兰达的地方，在旅游指南上是这么介绍它的："格兰达，吉普赛人特别多，盗贼如毛，游客要保重。"一般的游人在看到这样的警示语之后便会停止前进的步伐，而尤今却因此好奇心大发，决心亲自前往格兰达一探究竟。在到达目的地之后，尤今看到了无数的洞穴，而这些近似原始时代的洞穴里，竟然是这无数吉普赛人得以栖身的居所。当今世界已经发展到如此先进的地步，居然在一个西方发达国家中存在着这样一个居处既没有通电又没有通水的部落。西班牙将近60% 的吉普赛人居住在这里，过着脱离社会、近乎原始的生活。尤今通过在格兰达的旅居发现，吉普赛人完全没有什么自尊，也就完全谈不上什么民族尊严了。在与一些吉普赛青年交谈中，尤今了解到这里的孩子一生下来就得不到什么教育，父母告诉他们向别人讨钱是一件理所应当的事情，于是这些孩子长大后就变成了职业乞讨者，因为在他们的脑海中乞讨就是他们的生活，与穿衣吃饭一样稀松平常。如果不去乞讨，男孩子们就只能去工地做粗活，女孩们只能靠出卖肉体为生。在了解到这些之后，尤今对吉普赛这个民族更多的是一种同情与悲怜。这不仅仅是一个民族的悲剧，更是整个所谓的文明社会的悲歌。在尤今的游记中，她用独特的笔触叙述了一个个无法掌握自己人生命运的吉普赛人。他们一出生，命运就被注定了，作为个体，他们是社会中最没有发言权的存在；作为一个民族，当人们提到吉普赛人时，印象中也只有占卜与那琐碎的花裙子,从出生到死亡都是默默无闻。尤今的游记让我们重新认识了这个民族。

通过阅读尤今的游记，可以使我们全面地了解不同国家民众的真实生活情况，这也是尤今写每一篇游记的另一个重要原因。作为一位女性作家，尤今的文笔细腻而又耐人寻味，她用自己的心灵去体味世间百态，通过一个个真实故事书写着人生的体验，在真挚的语言中记录着她所感受到的世界与人生。尤今一直不主张“文以载道”说，她认为一旦文章成为宣传道德的载体，就会失去文学所独有的魅力，不自觉地成为政治的传声筒。文学为政治服务，人们就很难从中读到真实的且有温度的情感，也就不会与作者感同身受。一篇文章如果不能让读者产生共鸣，就不可以称之为文学。游记的写作是为了展示一个地方不同的风土人情，通过作者精彩的描写让读者产生一种向往之情。好的游记必须有自己独特的记忆点，必须与普通的旅游指南区别开来。

尤今的每一篇游记都会写到不同的国家，每个国家都有属于它的独特气质。阅读尤今的游记，你会置身于最绚丽的风景，通过一个个活泼而真实的人物让读者感受到独属当地的特色。游记也记录了尤今的生活，每一段文字中都有一个完整的灵魂作为支撑，或许也正因为是这样，尤今的游记才能够成为文坛上一抹亮眼的存在。

04
文学世界的拓展

尤今身上最大的一个标签可能就是女性作家，她经常被拿来与同样作为女性作家的三毛进行比较。二人最大的不同在于，三毛的文字主要是从自我的角度出发，去书写自己内心的悸动；而尤今则更关注现实生活，文章的落脚点也往往放在外部环境之上。这可能与二人的性格有关。三毛相较于尤今来说神经更为敏感，她习惯于向内挖掘材料，最大限度地表达自我意识；尤今的性格则更加外向一点，她乐于接受新鲜事物，也善于向人们分享这些事物，这使得尤今的文字中包含有大量的人文关怀。对于一个问题她会从现实层面出发，以实际可行的方式去寻找解决之道。这一特点在尤今的小品文与散文中表现得尤为明显。

尤今的散文与小品文最大的特点便是生活中的万事万物都可以入文，文字不局限在一个固定范围中。尤今讲过，她认为作者与素材的关系就好比是蚌与沙的关系，而文学作品就是一颗最璀璨的珍珠。河蚌只有将沙砾深埋胸中，通过自身的养分才能将其酿成一颗浑圆而明亮的珍珠。珍珠的核心是沙砾，但它包裹了作者自身的意志，也因为这些意志才导致每一颗珍珠都是独一无二的。

尤今的小品文记述她生活中的每件有趣的故事，散文则可以最大限度地抒发作者的情感。每篇文章都可以看作是尤今的孩子，倾注了她的热情，从中我们可以读到一个完全不一样的尤今。在《仅此一次》中，尤今讲述了一个关于鱼丸面的故事，透过文字让我们看到了一个有点可爱的尤今。

现在的尤今同时兼职为多个专栏供稿，2009 年她获得了新加坡新闻与艺术部颁发的“文化奖”。她的多篇文章被选入国内外中学课本，她的作品在新加坡被许多学校选为课外读物。

尤今的文字没有阳光的强烈，也没有水仙的娇柔，多的是那一份宽广与无垠的眼界和心胸，多的是驻足温暖人间的余味，历久而弥新。她的每句话都带有一种信手拈来的随性，看似平淡的事情在她笔下变得熠熠生辉。

一带一路

后　记

“一带一路”相关国家众多，代表性人物众多，为中外交好、民心相通作出杰出贡献的人士众多，因此，为“一带一路”璀璨群星立传，既使命光荣，又责任重大。在这项浩大工程的策划、组织、执行过程中，有许许多多的人士参加了有关传主的名单征集和审定，以及写作、翻译、审读、编辑、出版、筹资、联络等繁重而琐细的工作。所有参与的人员，以拳拳报国之心，尽深厚学养之力，克服了时间紧、任务重、要求高、压力大等诸多困难与挑战，最终圆满完成了任务。在本书付梓之际，丛书编委会特向参与本项目的全体同志致以崇高敬意和衷心感谢！

同时特别需要鸣谢的是，提出策划并领导实施此项目的中国传记文学学会会长王丽博士，基于长期法律实务经验和担任“一带一路服务机制”主席职务的便利，她对相关国家、走出去的“一带一路”建设者和广大青少年的需求了解真切，提出应当为他们写一套介绍各国典型人物的简明易读的传记，为他们提供健康的精神食粮。她把这项“额外”的工作当成了事业，联袂商会筹集资金、苦口婆心招揽作者、精心挑选传主名录、夙夜青灯挥笔写作、近乎偏执逐字推敲、亲力亲为呕心沥血。面对如此浩大的出版项目和繁重的出版任务，当代世界出版社毅然承担了绝大部分图书的出版任务，而且出版社的领导与中国传记文学学会的负责同志一起协商，寻求有关部门的支持和帮助，努力将该传系打造成高质量的精品好书。在此，我们特向项目牵头人和当代世界出版社相关领导和编辑致以崇高敬意和衷心感谢！

尤其让我们感动的是，在项目执行过程中，一些富有家国情怀的民间商会和企业家的慷慨解囊，虽不足以支撑项目的全部费用，但是他们所表现出的热心和支持，让我们坚定了走下去的信心和决心。在此，我们要特别鸣谢为本书的创作和出版做出捐赠支持的中国民营经济国际合作商会、亿阳集团股份有限公司、富通集团有限公司以及太平洋证券股份有限公司，并对他们的拳拳报国之心和慷慨无私帮助致以崇高敬意和衷心感谢！

一项伟大的事业，离不开许多默默无闻的奉献者。在本传系的组织、编写、出版过程中，有历史、文学、科研、外交、教育、法律、翻译、出版等领域的数百位专业人士参与，恕不能在此一一详列。需要特别提出的是，鞠思佳、徐帮学、景峰等同志为组织联络、搜集资料到处奔波而毫无怨言。唐得阳、唐岫敏、白明亮、谭笑等同志在编写、翻译、编辑、校对过程中的细致与负责让我们感动。赵实、胡占凡、高明光、吴尚之、刘尚军、李岩、王灵桂、李永全、陈小明、许正明、宋志军等同志睿智的指点和专业的帮助让我们避免了走许多弯路。在此，我们特向以上各位同志致以崇高敬意和衷心感谢！

当然，由于我们水平所限，本丛书难免有某些不尽人意之处和瑕疵，敬请学界专家和各位读者不吝赐教，我们将在作品再版之时吸收完善。在此，我们也向各位读者提前表示崇高敬意和深深感谢！

“‘一带一路’列国人物传系”编委会
2019 年 3 月 30 日

一茶一路